Jedes Leben hat seine Momente

CORINNA BUSCH

Jedes Leben hat seine Momente

Bibliografische Information der Deutschen Nationalbibliothek
Die Deutsche Nationalbibliothek verzeichnet diese Publikation
in der Deutschen Nationalbibliografie; detaillierte bibliografische
Daten sind im Internet über http://dnb.dnb.de abrufbar.

Coverdesign, Satz, Herstellung und Verlag: BoD – Books on
Demand, Norderstedt
ISBN 978-3-7526-3129-6

Was für ein herrliches Leben hatte ich!
Ich wünschte nur, ich hätte es früher bemerkt!

Sidonie-Gabrielle Claudine Colette

Vorwort

Im März 2020 hat der französische Präsident Emmanuel Macron aufgrund der sogenannten Coronavirus-Krise eine Ausgangssperre für alle Bürgerinnen und Bürger verhängt. »Wir sind im Krieg«, sagte er. Die Franzosen sollten ihre sozialen Kontakte auf ein Minimum beschränken. Sich mit seinen Freunden zu treffen oder in den Park zu gehen war nicht mehr möglich, überall in den Straßen patrouillierte Militär und Polizei. So erging es nicht nur den Menschen in Frankreich, sondern, bis auf wenige Ausnahmen, den Menschen in der gesamten Welt. Die Franzosen hatten rund sechs Tage Zeit, sich an einen Ort ihrer Wahl in Frankreich zu begeben und dort während der insgesamt siebenwöchigen Ausgangssperre zu verweilen.

Ich lebte zu dieser Zeit in Paris. Da ich ohnehin geplant hatte, eine Zeit lang zum Schreiben an die Küste zu reisen, zog ich meine Abreise vor und fuhr nach Südfrankreich in die Nähe von Nizza. Ich bezog ein hübsches kleines Apartment direkt am Meer mit einer großen Dachterrasse. In den ersten Tagen der Ausgangssperre informierte ich mich bei vielen nationalen und internationalen Medien über einen Virus, der die gesamte Welt in Schach hielt und vielen Menschen sprichwörtlich die Luft zum Atmen nahm. Einige Male nahm ich Anlauf, mit der Arbeit an meinem geplanten neuen Buch, einer Sammlung von Kurzgeschichten, zu beginnen, aber es wollte mir nicht so recht gelingen.

Die Zeit plätscherte vor sich hin und der Stillstand des gewohnten täglichen Lebens erzeugte immer häufiger Momente der Erinnerung. Jeden Tag ging ich am Meer spazieren, um meine Gedanken zu ordnen. Ich hatte nie daran gedacht, über mein bisheriges Leben ein Buch zu schreiben, doch als ich immer mehr Bilder, Momente und Erinnerungen aus meinem ganzen halben Leben vor mir sah, da begann ich mit dem Schreiben.

Ich wünsche Ihnen eine gute Unterhaltung und vielleicht den ein oder anderen besonderen Moment voller Heiterkeit oder auch Sentimentalität. Erfreuen wir uns jeden Tag an dem wundervollen Geschenk, das wir alle bekommen haben: dem Leben.

Herzlichst
Ihre
Corinna Busch

I

Als sie an einem Samstagnachmittag geboren wurde, da stand die Sonne im Schützen und es lagen einige Zentimeter Schnee auf den Straßen der Kleinstadt. Sie war für Ende November erwartet worden, doch sie hatte sich zwei Wochen länger Zeit gelassen. Ob sie ahnte, was im Leben alles auf sie zukommen würde? Die Geburt musste eingeleitet werden und die Mutter lag viele Stunden in den Wehen. Am Ende konnte das Kind nur mit Hilfe einer Zange dazu bewegt werden, den mütterlichen Bauch zu verlassen. Der Vater feierte währenddessen in einer Kneipe mit einigen Freunden und vielen Gläsern Bier die erwartete Ankunft des Kindes. Ob es ein Sohn oder eine Tochter werden würde, das wusste der Vater nicht und es war ihm auch egal. Die Frau wollte ein Kind und er hatte ihrem Willen nachgegeben. Hauptsache, der Nachwuchs war pflegeleicht und gesund.

Die Mutter versorgte das Kind nach den Ratschlägen von Johanna Haarer, die mit dem Buch »Die Mutter und ihr erstes Kind« einen Erziehungsratgeber der besonderen Art geschrieben hatte. Haarer war während des Nationalsozialismus aktives Mitglied der NSDAP gewesen. Auch nach 1945 wurden ihre Bücher in der Bundesrepublik Deutschland in von nationalsozialistischer Terminologie bereinigter Form wieder aufgelegt und beeinflussten somit viele Mütter der Kriegs- und Nachkriegsgenerationen.

Die Mutter trug bei der Versorgung der Tochter immer einen weißen Arztkittel. Das Kind wurde gefüttert, gebadet und trockengelegt, im Übrigen aber mehr oder weniger in Ruhe gelassen. Johanna Haarer riet den Müttern:

»Wenn das Kind schreit, soll man es schreien lassen. Das kräftigt die Lungen und härtet ab.«

Sie schrie nicht oft, sondern verlegte sich sehr früh aufs Schlafen, ganz so, als wolle sie niemanden stören und nicht weiter auffallen. Sie liebte es, zu schlafen, stundenlang. Die Mutter saß manchmal am Bett ihrer kleinen Tochter, aber sie konnte zu dem Baby keine Beziehung aufbauen, wie auch? Sie hatte zu sich selbst keine Beziehung. Stundenlang verharrte die 30 Jahre alte Frau in einem Sessel oder lag im Bett und starrte an die Decke. Viele Jahrzehnte später, als die Tochter begann, ihr eigenes Leben aufzuarbeiten, da wurden ihr die Traumatisierungen der Mutter bewusst. Die Mutter war kein gewolltes Kind, sie war ein »Betriebsunfall«, entstanden aus der flüchtigen Begegnung zweier Menschen in Wien im Jahre 1938. Der werdende Vater war voller Pflichtbewusstsein und heiratete die ihm nur wenig bekannte junge Frau. Er war beim Wiener Reichssender beschäftigt und hatte ein großes Faible für Kunst, Mode und Kultur. Das junge Ehepaar bezog eine große Altbauwohnung in der Mariahilfer Straße in Wien. Als der junge Mann im Winter des Jahres 1938 seine neugeborene Tochter Sigrid in den Armen hielt, da war es Liebe auf den ersten Blick. Er liebte dieses kleine Bündel Mensch in seinen Armen über alle Maßen. Mit seiner Frau konnte er hingegen nichts anfangen, sie hatten keinerlei Gemeinsamkeiten. Und auch Mutter und Tochter fanden keinen Draht zueinander. Der junge Vater verbrachte so viel Zeit wie möglich mit seiner Tochter, er wusste um das angespannte Verhältnis von Mutter und Tochter und versuchte der Tochter all die Liebe zu geben, die sie von ihrer Mutter nicht bekam. Die Jahre in Wien vergingen, die Jahreszeiten kamen und gingen ebenso wie die Bombenangriffe auf die Stadt. Die Ereignisse im Jahre 1945 brachten es mit sich, dass die kleine Familie Wien verlassen musste. Man reiste zu entfernten Verwandten ins Rheinland. Dort wurde nach einiger Zeit eine TBC-Erkrankung des Mannes festgestellt, an der er kurze Zeit später mit 42 Jahren verstarb. Für das Mädchen aus Wien brach eine Welt zusammen. Sie war nun alleine mit der herrischen Mutter Paula in einem fremden Land bei fremden Menschen, die sie nicht wirklich willkommen hießen. Von diesem Schock hat sie sich ihr ganzes Leben lang nie wieder erholt.

Dies alles wusste das kleine Mädchen in der kleinen Stadt in der Nähe von Bonn natürlich nicht, als sie an diesem Wintertag geboren wurde. Aber vielleicht spürte sie es. Die Dinge zwischen den Eltern und ihr waren von Anfang an schwierig, und das hatte verschiedene Gründe. Ihr Vater Karl, ein Maurer, war mit nur 17 Jahren Vollwaise geworden und seit diesem Zeitpunkt dem Alkohol verfallen. Geboren im Rheinland im Jahr 1933, waren große Teile seiner Kindheit geprägt von Armut, Krieg, Bomben und Krankheit. Seine Eltern waren im Abstand von zwei Jahren nach langem Leiden an Krebs gestorben und bis zur Volljährigkeit mit 21 Jahren stand er offiziell unter der Vormundschaft seiner älteren Schwester Hildegard. Inoffiziell hat er gemacht, was er wollte, und sein eigenes Leben geführt. Bruder und Schwester hegten eine lebenslange Abneigung gegeneinander und sprachen die meiste Zeit ihres Lebens kein Wort miteinander. Nach seiner Lehre als Maurer nahm Karl eine Stelle als Arbeiter in der Bauabteilung eines großen Werkes in der kleinen Stadt in der Nähe von Bonn an. In diesem Werk wurden Autofelgen produziert und die Arbeiter der Bauabteilung kümmerten sich um alle anfallenden Reparaturarbeiten an den Produktionsgebäuden. Die insgesamt sechs Maurer arbeiteten von morgens sieben Uhr bis nachmittags 16 Uhr. Danach gingen sie zu verschiedenen Baustellen im Umland und bauten Häuser für wohlhabende Privatmenschen wie Anwälte, Ärzte und Unternehmer. Karl ging nie vor acht Uhr abends nach Hause, oft auch später. Daran änderte sich sein ganzes Leben lang nichts. Als Karl 18 Jahre alt war, da fand er seine große Liebe, Helga. Sie hatte seidiges, schwarz-braunes Haar und folgte ihm auf Schritt und Tritt. Er hatte sie auf einer der Baustellen gefunden. Die Schäferhündin war seine Kameradin und spielte sogar mit ihm Fußball. Er bat einen Nachbarn, tagsüber auf Helga aufzupassen, doch als dieser unerwartet starb, da wusste Karl sich nicht zu helfen. Er gab Helga zu Bekannten, doch Helga wollte nicht dort leben. Zweimal lief sie die über fünf Kilometer zur Wohnung von Karl und wartete vor der Haustür auf ihn. Zweimal brachte Karl sie zu den neuen Besitzern zurück. Beim dritten Versuch wurde Helga auf einer vielbefahrenen Straße von einem LKW überfahren, sie war sofort tot. Karl trank von da an noch mehr als vorher und wollte nie mehr einen Hund haben.

Sigrid und Karl lernten sich an einem Samstag im Mai 1961 kennen. Sigrid hatte eine Ausbildung in der Kurzwarenabteilung eines großen Kaufhauses in Bonn absolviert und ging manchmal am Wochenende mit einer Freundin zu Tanzpartys. Sigrid war eine hübsch anzusehende junge Frau, die sehr geschickt im Umgang mit Stoffen war und sich häufig Kleider nach eigenen Entwürfen nähte. Sie mochte Mode und kam durch ihre Anstellung im Kaufhaus günstig an Stoffe.

Bei einer der Tanzveranstaltungen fiel Sigrid der gutaussehende junge Mann auf, der für sein Alter ganz ordentlich Geld zu verdienen schien und großzügig zu Getränken einlud. Er erzählte ihr von den schönen Häusern, die er mit seinen Kumpels für die reichen Leute baute, und meinte, er könne für sie beide ja auch so ein Haus bauen. Die Idee gefiel Sigrid. Sie wohnte immer noch mit ihrer Mutter Paula zusammen und sah nun endlich ihre Chance gekommen, dem Drachen zu entfliehen. Sie mochte Karl ganz gerne und schlimmer als mit der Mutter konnte es ihrer Vorstellung nach mit Karl auch nicht werden. Sigrid und Karl heirateten und bezogen eine kleine Wohnung in einer kleinen Straße in der kleinen Stadt in der Nähe von Bonn. Sechs Jahre lebten sie in dieser Wohnung, Karl baute weiter nebenher Häuser für reiche Leute, aber nicht für Sigrid. Er sagte immer, das sei ja nicht so eilig. Sigrid machte einige Weiterbildungen und bewarb sich anschließend bei der Stadtverwaltung der kleinen Stadt um eine Stelle als Maschinenbuchhalterin. Zu ihrem eigenen Erstaunen wurde sie genommen. Obwohl Karl viel trank und sie beide auch keinerlei Gemeinsamkeiten hatten, sprach Sigrid irgendwann über ein eigenes Kind und Karl ergab sich seinem Schicksal. Sigrid wollte etwas nur für sich alleine haben und schließlich gehörte ein Kind doch auch irgendwie zum Leben dazu.

Als das kleine Mädchen ein paar Wochen alt war, wurde bei einer Untersuchung eine Fehlstellung der Hüfte festgestellt. Der Säugling kam für sechs Wochen in ein Streckbett. Das und die angespannte Stimmung zwischen Sigrid und Karl löste irgendetwas in dem Baby aus, es verweigerte von da an für eine lange Zeit so gut wie jegliche Nahrung. Alle waren ratlos. Das kleine Mädchen wurde von verschiedenen Ärzten untersucht und lag häufig zur künstlichen Ernährung im Krankhaus. Niemand konnte eine organische Ursache finden, alle Untersuchungsergebnisse waren im Normbereich. Manchmal nahm sie einige Löffel Brei zu sich oder püriertes Obst aus dem Glas. Sigrid wusste sich in verschiedener Hinsicht oft nicht zu helfen, sie sah ihre kleine Tochter an und fühlte nichts. Sie war innerlich leer und saß oft stundenlang einfach nur da und starrte auf dieses kleine Wesen. Irgendwann landete der Bürstenstil auf dem Kopf des kleinen Mädchens und drückte die rechte Seite der Schädeldecke massiv ein. Offiziell war sie vom Wickeltisch gefallen und weder die Ärzte im Krankenhaus noch Vater Karl stellten weitere Fragen. Karl arbeitete weiter in der Fabrik und baute Häuser für andere Leute. Aus allen anderen Dingen hielt er sich heraus und wollte auch nichts darüber hören. Wenn er abends nach den langen Arbeitstagen nach Hause kam, dann war er zum einen todmüde und zum anderen betrunken.

Wie es zu dazu kam, konnte bis heute nicht abschließend geklärt werden, die Recherchen dazu dauern nach wie vor an, aber mit circa 18 Monaten kam das kleine Mädchen in ein Kinderheim. Die Eltern erzählten der heranwachsenden Tochter später, man habe die neue Wohnung renovieren müssen und dabei sei das Kind im Weg gewesen. Über die Dauer des Aufenthalts gab es widersprüchliche Aussagen der Eltern, mal waren es ein paar Wochen, mal ein paar Monate, es war weder bei Sigrid noch bei Karl die Bereitschaft vorhanden, dem Mädchen nähere Informationen zu dieser Zeit zu geben. So sehr sie es auch später versuchte, es wollte sich für eine sehr lange Zeit keine Erinnerung an diese Zeit einstellen, eine typische Reaktion bei traumatischen Erfahrungen.

Irgendwann kam das Kind wieder nach Hause und die Monate vergingen, doch essen wollte das kleine Mädchen weiterhin so gut wie nichts. Ihr Gewicht blieb kritisch. Einer der Ärzte riet den Eltern schließlich, mit dem Kind ans Meer zu fahren, vielleicht würde ein Klimawechsel etwas Positives bewirken. Die Eltern folgten dem Ratschlag, nahmen ihr gespartes Geld und fuhren mit ihrer Tochter nach Bulgarien an den Goldstrand des Schwarzen Meeres. Das kleine Mädchen stand zum ersten Mal in seinem Leben mit den Füßen im Sand und schaute erstaunt auf das Meer. Sie stand einfach dort und rührte sich nicht von der Stelle. Sie schaute in die Ferne und hoch in den Himmel und auf einmal fing sie an zu glucksen und zu lachen. Dann rannte sie ins Wasser, zwischendurch fiel sie einige Male hin, aber trotz der Schwimmflügel schaffte sie es, schnell wieder aufzustehen, und warf sich wieder und wieder ins Wasser. Später als Erwachsene versuchte sie sich dieses Gefühl wieder in ihr Gedächtnis zu rufen. Das Meer und seine Weite gaben ihr offensichtlich eine neue Lebensfreude und Vorstellung von Freiheit. Dies sollte sich ihr ganzes Leben nie mehr ändern, das Meer blieb immer ihr Wohlfühl- und Sehnsuchtsort. An diesem Tag am Goldstrand des Schwarzen Meeres in Bulgarien fing das Mädchen an zu essen. Es aß alles Mögliche und hatte irgendwann endlich ein normales Körpergewicht erreicht.

II

Als sie drei Jahre alt war, schickte die Mutter das Mädchen zum ersten Mal alleine zum Einkaufen. Nicht weit von der Wohnung entfernt gab es einen kleinen Krämerladen, dort bekam man Milch, Konserven, Eier und allerlei sonstige Dinge. Der Weg dorthin führte an einer vielbefahrenen Straße entlang, doch das störte das kleine Mädchen nicht. Sie schlenderte los und blieb zwischendurch öfter stehen, um sich die Gärten der am Wegesrand liegenden Häuser anzuschauen. Sie mochte ihren Einkaufskorb sehr, ein kleines Weidenkörbchen, das oben mit einem rot-weiß-karierten Tuch zugeknotet wurde. Im Korb lag der Einkaufszettel, den die Mutter geschrieben hatte, und etwas Geld. Als das Mädchen im Krämerladen ankam, ging sie hinter die Theke und drückte der Verkäuferin ihr Körbchen in die Hand, sie war noch zu klein, um es auf die Theke zu stellen. Dann schaute sie sich im Geschäft um. Viele große und kleine Dosen mit bunten Aufdrucken standen in den Holzregalen und sie fragte sich, was da wohl alles drin war. Als alle Sachen von der Einkaufsliste im Körbchen lagen, nahm die Verkäuferin das Geld, legte das Wechselgeld mit zu den Dingen im Körbchen, kam hinter der Theke hervor und gab dem Mädchen den Korb zurück. Zusätzlich bekam sie einen Schokoriegel. Dann wanderte sie zurück nach Hause. Von da an kaufte sie regelmäßig für die Familie ein.

Sie ging nun auch jeden Tag in den Kindergarten, der Weg dorthin führte quer durch die ganze Stadt. Mittags lief sie nach Hause, um etwas zu essen. Manchmal hatte die

Mutter ein paar Nudeln für sie gekocht und aß etwas mit ihr, manchmal lag sie einfach nur im Bett. Dann nahm sich das Mädchen einen Joghurt aus dem Kühlschrank, löffelte ihn auf dem kleinen Balkon aus und ging dann wieder in den Kindergarten. Sie war sehr gerne dort, es gab viele Spielsachen, im Garten war ein schönes Klettergerüst mit einer Rutsche aufgebaut und die Kindergärtnerinnen waren immer freundlich und geduldig. Manchmal stand sie oben auf der Rutsche und überlegte, ob sie nicht einfach einmal herunterspringen anstatt rutschen sollte. Vielleicht konnte sie ja fliegen, wenn sie nur heftig genug mit den Armen rudern würde. So wie das Flugzeug, mit dem sie das erste Mal in Bulgarien am Meer gewesen war.

»Meinst du, ich kann auch fliegen, wenn ich von der Rutsche springe?«, fragte sie ihre Mutter eines Tages morgens beim Frühstück.

Die Mutter sah sie kurz mit einem irritierten Blick an und meinte, sie solle nicht so einen Unfug fragen. Das Mädchen aber dachte weiter darüber nach und eines Tages versuchte sie es einfach einmal. Man könnte sagen, dass sie wirklich flog, jedoch anders, als sie sich das vorgestellt hatte. Sie brach sich den rechten Arm und musste einige Wochen einen Gipsverband tragen. Die Mutter schimpfte fürchterlich mit ihr und warnte sie davor, noch einmal eine solche Dummheit zu begehen.

Die Mutter schimpfte oft mit ihr, Sigrid fand immer neue Anlässe für ihre Tadel. Mal saß das Mädchen nicht gerade am Tisch, dann schmatzte sie beim Essen und vor allem hielt sie das Besteck verkehrt herum. Die Sache mit dem Besteck war für Sigrid eine grobe Verfehlung, sie gab dem Mädchen häufiger eine Ohrfeige deswegen. Aber sosehr sich das Kind auch bemühte, für sie fühlte sich das Messer in der linken Hand viel besser an als in der rechten. Sie hatte auch begonnen, mit der linken Hand zu malen und zu kritzeln, das war jedoch für die Mutter völlig unakzeptabel. Das Kind bekam ein Bändchen um das rechte Handgelenk gewickelt und hatte von da an nur noch mit dieser »schönen« Hand zu malen und zu kritzeln. Jede Verfehlung wurde von der Mutter mit einer Ohrfeige geahndet. Das Mädchen gab sich alle Mühe, doch das Besteck hielt sie weiter verkehrt herum. Als die Mutter nicht aufhörte, sie deswegen zu tadeln, da nahm das Mädchen eines Tages seinen ganzen Mut zusammen:

»Wenn ich nicht weiter so essen darf, dann höre ich ganz auf zu essen.«

Das weckte ungute Erinnerungen in der Mutter und von da an hatte das Kind beim Essen seine Ruhe. Sie hielt das Besteck verkehrt herum und das sollte sich ihr ganzes Leben lang nicht mehr ändern.

Als Erwachsene dachte sie häufiger darüber nach, wie viele Vorlieben und auch Abneigungen in der frühen Kindheit angelegt werden. Ihre Liebe zum Meer und zum Schwimmen war für sie Liebe auf den ersten Blick. Nach dem ersten Urlaub am Meer wollte sie unbedingt richtig schwimmen lernen und die Mutter gestattete schließlich den Schwimmunterricht. Sigrid hatte panische Angst vor dem Meer und konnte nur sehr schlecht schwimmen, aber sie saß gerne am Strand. Die Schwimmleidenschaft ihrer Tochter konnte sie nicht nachvollziehen, aber aus Gründen der Sicherheit erschien es ihr vernünftig, wenn das Kind richtig schwimmen lernte.

Ein paar Wochen nachdem der Schwimmunterricht begonnen hatte, sprach der Schwimmlehrer die Mutter an, als sie ihre Tochter nach einer Unterrichtsstunde abholen kam:

»Guten Tag, Frau Busch, ich wollte schon letztes Mal kurz mit Ihnen sprechen.«

»Hat meine Tochter etwas angestellt?«, fragte die Mutter kurz angebunden.

»Nein, nein«, sagte der ältere Herr und lächelte dabei.

Er war ein sehr geduldiger und erfahrener Schwimmlehrer mit silberweißen, halblangen Locken und einem sonnengegerbten, gütigen Gesicht.

»Ganz und gar nicht. Ihre Tochter ist ein echtes Schwimmtalent, ich denke, aus ihr könnte eine große Schwimmerin werden. Schicken Sie die Kleine nach Bonn zum dortigen Schwimmverein, die sind ganz gut. Dort könnte sie mehrmals in der Woche Unterricht bekommen und man kann weiter beobachten, wie sie sich macht und entwickelt.«

»Das kommt überhaupt nicht infrage, ich habe auch so genug zu tun«, erwiderte die Mutter.

Der Schwimmlehrer zuckte mit den Schultern.

»Ich wollte es Ihnen nur sagen, sie ist wirklich ein riesiges Talent und sie liebt es, im Wasser zu sein.«

»Vielen Dank für Ihren Hinweis, aber das ist wirklich nicht machbar. Wir haben kein Auto und ich habe auch so den ganzen Tag genug um die Ohren.«

Ein Auto gab es in der Tat nicht und auch kein Telefon. Erst als das Mädchen 14 Jahre alt war, da kauften die Eltern ein Telefon. Sigrid nannte den grauen Apparat mit der großen Wählscheibe einen hässlichen Knochen und stülpte deshalb einen bunten Stoffüberzug aus Brokat über das Gehäuse und den Hörer. Das sah noch hässlicher aus, aber das wollte Sigrid nicht hören.

Mit fünf Jahren kam das Mädchen wieder einmal ins Krankenhaus, die Mandeln und Polypen wurden herausoperiert. Sie musste einige Tage in der Klinik bleiben. Es war Hochsommer und das Schönste an der ganzen Sache war, dass man ihr jeden Tag Unmengen von Eis zu essen gab, damit der Hals von innen gekühlt wurde. Obwohl der Anlass durchaus schmerzhaft und unangenehm war, wurde damit eine weitere lebenslange Leidenschaft geschaffen: Eis essen.

Als Erwachsene fragte sich die Tochter öfter, was die Mutter wohl damals den ganzen Tag so gemacht hat, während sie im Kindergarten oder später in der Schule war. Ihren Job bei der Stadtverwaltung hatte Sigrid nach der Geburt aufgegeben und die Drei-Zimmer-Wohnung nahm nicht sehr viel Zeit in Anspruch. Sie hatte auch keinerlei Hobbys. Sie saß wohl die meiste Zeit einfach in ihrem Lieblingssessel oder lag im Bett. Manchmal las sie die Zeitschrift »Das Goldene Blatt«, sie meinte, darin stehe alles Wichtige und schöner Klatsch und Tratsch. Vater Karl bezog seine Informationen aus dem »Express«, das war für ihn »die Zeitung«. Andere Druckerzeugnisse waren in der Wohnung der Familie nicht auffindbar. Das versuchte die Tochter so früh wie möglich zu ändern. Im Kindergarten gab es einige Bücher und sie brachte sich selbst, mit Hilfe einer Kindergärtnerin, das Lesen bei. Bücher boten ihr einen Einblick in eine andere Welt, als würde sie ahnen, dass es da doch noch viel mehr geben musste als das Leben in der kleinen Wohnung in der kleinen Stadt in der Nähe von Bonn.

Vater Karl hatte eine ganz gute Stimme und ging immer montags zu der Chorprobe eines Gesangsvereins. Anschließend zog er mit einigen Kumpels weiter in die Kneipe und kam immer sehr, sehr betrunken weit nach Mitternacht nach Hause. Manchmal schmiss er Gegenstände im Flur umher, weil er das Gleichgewicht verlor und gegen eine Kommode knallte. Und manchmal hatte er am nächsten Morgen das Gesicht voll blauer Flecken oder Schrammen. Sigrid verlangte, seitdem die Tochter drei Jahre alt war, dass sie die Nacht von Montag auf Dienstag immer bei ihr im Ehebett schlafen musste und der Vater im Bett seiner Tochter. Das Mädchen hasste die Nächte von Montag auf Dienstag. Sie liebte ihr Zimmer und vor allen Dingen ihr Bett, das sie auf den Namen »Emma« getauft hatte. Es war ein großes braunes Schrankbett und wirklich sehr gemütlich. Emma war ihre Höhle, ihr Rückzugsort und ihr kleines Paradies.

»Ich gehe jetzt zu meiner Emma«, sagte sie abends immer und verschwand in ihr Zimmer.

Manchmal sagten die Eltern, es sei ja noch sehr früh und sie dürfe noch aufbleiben und mit ihnen gemeinsam fernsehen. Aber das Mädchen war lieber in seinem Zimmer. Sobald sie halbwegs lesen konnte, kroch sie unter die Bettdecke und las, am liebsten »Die drei Fragezeichen« oder »Trixie Belden«. Sie fand, dass Detektivin ein ganz toller Beruf sei, und beschloss mit sechs Jahren, auch Detektivin zu werden. Es war nicht immer einfach, an neue Bücher heranzukommen. Sie war eine schnelle Leserin und ein Buch hielt selten länger als zwei oder drei Tage. Immer wenn die Mutter ihr nach tagelanger Bettelei einmal wieder ein Buch kaufte, hatte das Mädchen es nach zwei oder drei Tagen durchgelesen. Die Mutter glaubte der Tochter nicht, dass sie die ganzen Bücher wirklich alle so schnell durchlas. Deshalb fing sie an, die Tochter abzufragen. Sie nahm eines der Bücher, schlug eine beliebige Stelle auf und las zwei Sätze vor. Dann sollte das Mädchen ergänzen, wie es in der Geschichte weiterging.

»Was für ein lustiges Spiel«, dachte sich die Tochter und konnte stets alle Fragen der Mutter beantworten.

Die Mutter schien das jedoch nicht so lustig zu finden und legte die Bücher schnell wieder zur Seite. Das Mädchen bekam bald Wind davon, dass man Bücher auch leihen konnte, und von da an war sie eine der besten Kundinnen der örtlichen Bücherei. Sie bat den Vater, über ihrem Schrankbett ein paar Holzbretter als Bücherregal an der Wand zu befestigen, und Karl kam ihrer Bitte nach. Sie träumte davon, später einmal einen ganzen Raum nur für Bücher zu haben, aber für den Anfang fand sie ihr neues Bücherregal sehr schön. Bald stapelten sich die Bücher kreuz und quer in den Regalen. Das missfiel der Mutter sehr, sie war auf pedantische Ordnung bedacht und alles musste immer nach ihren Vorstellungen geordnet werden. Die Kleidung der Tochter hing auf Bügeln im Kleiderschrank des Kinderzimmers und die Bügel hingen exakt mit einem Zentimeter Abstand zueinander an der Kleiderstange. Dem Mädchen war es nicht gestattet, an den eigenen Kleiderschrank zu gehen. Wenn sie neue Wäsche oder ein Kleidungsstück aus ihrem Schrank haben wollte, dann musste sie die Mutter darum bitten, es ihr zu geben.

Sie durfte auch nur sehr selten Freunde mit nach Hause bringen, die Mutter mochte keinen Besuch. Nur an ihrem Geburtstag, da konnte sie immer zwei Freundinnen einladen. Einmal hat die Mutter versucht, für ihre Tochter einen Geburtstagskuchen zu backen. Sigrid hatte eine abgrundtiefe Abneigung gegen alles, was mit Küche und Kochen zu tun hatte, und auch Backen gehörte nicht zu ihrer Stärke. Aber sie gab sich alle Mühe und rührte einen Teig zusammen. Leider verlor sie irgendwann die Kontrolle über den elektrischen Moulinex-Mixer und der Teig landete überall, nur nicht im Ofen. Als Karl nach Hause kam, traute er seinen Augen nicht, der Königskuchenteig mit Rosinen tropfte immer noch langsam von den Wänden runter.

»Was ist denn hier für eine Sauerei passiert?«, schrie Karl erbost.

»Ich wollte einen Geburtstagskuchen für morgen backen«, antworte Sigrid tonlos.

Sie saß seit Stunden regungslos auf der Küchenbank, unfähig, auch nur einen Lappen in die Hand zu nehmen und sauber zu machen. Am nächsten Wochenende strich Karl die Küche neu an und Sigrid hat nie wieder versucht, einen Kuchen zu backen.

III

Kurz bevor die Grundschule begann, reiste die kleine Familie wieder ans Meer. Dieses Mal ging es nach Riccione, einem Ferienort an der italienischen Adria. Das Hotel Ca' Bianca lag direkt am Strand, so wie viele andere Hotels in dem Ort auch. Es zeichnete sich durch nüchtern eingerichtete Zimmer mit Fliesenboden und platt gedrückte, sehr dünne Handtücher aus, die an zu groß geratene Servietten erinnerten. Dem Mädchen war das alles egal, Hauptsache, sie war an ihrem geliebten Meer. Die Strandliegen standen wie Perlen aufgereiht am kilometerlangen Strand.

Die Tage in Italien hatten stets denselben Ablauf. Morgens wurde um 8:30 Uhr im Hotel gefrühstückt. Sigrid brachte den guten deutschen Jakobs-Kaffee im Glas mit nach Italien, sie meinte, die Italiener könnten keinen anständigen Kaffee kochen. Sie bestellte morgens immer eine Kanne mit heißem Wasser und brühte dann für sich und Karl in ihren Tassen Jakobs-Instantkaffee auf. Das Mädchen fand das etwas merkwürdig, sagte aber nichts und erfreute sich jeden Morgen an ihrer heißen Schokolade. Die deutsche Erdbeermarmelade war auch im Gepäck der Eltern und stand jeden Morgen auf dem Frühstückstisch. Den weiteren Vormittag verbrachten Sigrid und Karl auf ihren Liegen am Strand, die Tochter schwamm unterdessen stundenlang im Meer. Um zwölf Uhr ging man zurück ins Hotel zum Mittagsbuffet. Es gab viele leckere Sachen, Nudeln mit verschiedenen Saucen, Suppen und Salate. Nach dem Mittagessen ging es zurück an den Strand und die Eltern schliefen beide eine Zeit lang auf ihren Strandliegen. Das Mädchen ging derweil im Meer schwimmen oder spielte mit anderen Kindern im Sand, sie fand immer schnell neue Freunde. Manchmal bat sie den Vater um zwei Mark für eine Trampolin-Stunde. Sie liebte es, Trampolin zu springen und wurde mit der Zeit recht geschickt darin, sie konnte sogar Saltos schlagen. Gegen 17 Uhr gingen die Eltern an die Strandbar und nahmen mit anderen Hotelgästen einen Drink. Um 18 Uhr ging es zurück ins Hotel, man erfrischte sich unter der Dusche und saß pünktlich um 19:30 Uhr beim Abendessen. Die Erwachsenen machten sich chic, sie versuchten es zumindest. Die Frauen trugen häufig Etuikleider im Seventies-Style, die Männer Kurzarmhemden mit langen spitzen Kragen und Hosen mit weiten Hosenbeinen, dazu Sandalen, manchmal mit Socken. Das Mädchen trug meistens Bermudahosen mit einem T-Shirt oder einer Bluse. Sie war ein sehr burschikoses Kind, die dunkelblonden Haare trug sie kurz geschnitten. Manchmal wurde sie für einen Jungen gehalten. Sie mochte keine Kleider und ganz besonders hasste sie Strumpfhosen. Sie mochte Strümpfe generell nicht besonders gerne, aber Strumpfhosen waren einfach schlimm. Die Eltern tranken zum Abendessen immer Lambrusco-Rotwein und meinten, so schlecht sei das Leben in Italien doch gar nicht und warum denn nur so viele Italiener nach Deutschland kämen. Nach dem Abendessen bummelte man noch etwas durch den Ort und manchmal aß das Mädchen ein Eis. So vergingen die Tage am Meer.

Sie war ein lebhaftes Kind, am liebsten veranstaltete sie mit ihrem Kettcar, das ihr Patenonkel ihr zum fünften

Geburtstag geschenkt hatte, Rennen gegen Freunde aus dem Kindergarten oder fuhr wild mit dem Fahrrad herum. Das waren schöne Momente. Der Patenonkel war ein netter Mann. Ihm gehörte eine große Gärtnerei im Ort und er hatte keine Kinder. Er mochte seine kleine Patentochter sehr und hätte sie gerne öfter gesehen. Sigrid fand es jedoch nicht angemessen für ein Mädchen, zu viel Zeit in der dreckigen Gärtnerei zu verbringen, und erlaubte nur selten, den Onkel zu besuchen. Zudem griff er ebenso häufig zum Alkohol wie Vater Karl, die beiden Männer veranstalteten manchmal sehr wilde Feiern.

Das Mädchen kletterte auf Bäume, lernte Stelzenlaufen und ging so oft wie möglich im Freibad schwimmen. Sie liebte es einfach, draußen und in der Natur zu sein.

In der ersten Klasse der Grundschule langweilte sie sich die meiste Zeit, sie dachte daher häufiger über Gerichte nach, die sie sich als Mittagessen kochen könnte. Sie hatte mittlerweile Gefallen an Lebensmitteln und der Küche gefunden und da die Mutter die mittägliche Essenszubereitung so gut wie eingestellt hatte, musste sie selbst aktiv werden. Wenn es keine Reste vom Vorabend im Kühlschrank gab, dann kochte sich das Mädchen selbst etwas. Ihr erstes Gericht, das sie selbst für sich gekocht hat, war ein Schweinekotelet aus dem Backofen mit Zwiebeln und einer Käsescheiblette überbacken. Sie saß in der Grundschule und dachte an das Schweinekotelett, das vom Vorabend übrig geblieben war. Das Kottelet nur in der Pfanne heiß zu machen erschien ihr etwas langweilig. Also ging sie auf dem Nachhauseweg von der Schule an einem kleinen Supermarkt vorbei und kaufte sich von ihrem Taschengeld eine

Zwiebel und eine Packung Käsescheibletten zum Überbacken. Zu Hause schnitt sie die Zwiebel so gut sie es konnte klein, gab etwas Flora-Soft-Margarine in eine Pfanne und briet die Zwiebel ein bisschen an. Dann nahm sie das Kotelett, legte es auf einen Teller, schichtete die Zwiebeln darüber und legte eine Käsescheibe darüber. Sie stellte den Ofen nach Gefühl auf die Mitte der Temperaturskala und schob den Teller hinein. Dann hockte sie sich im Schneidersitz vor die Ofentür und beobachtete das Geschehen im Ofen. Als der Käse anfing zu schmelzen, schaltete sie den Ofen wieder aus und verbrannte sich bei dem Versuch, den Teller aus dem Ofen zu nehmen, die Finger, aber Gott sei Dank nicht schlimm. Sie schrie aber kurz auf und das brachte die Mutter aus dem Schlafzimmer in die Küche.

»Wonach riecht es denn hier und was hast du da schon wieder angestellt?«, rief die Mutter ärgerlich.

»Ich habe mir etwas gekocht«, sagte das Mädchen, holte ein Küchentuch und trug damit den Teller zum Esstisch.

»Du verbrennst ja den Tisch«, rief die Mutter und schob ein Holzbrett unter den Teller.

»Was hast du denn da gemacht?«, fragte die Mutter. »Das riecht gar nicht so schlecht.«

Das Mädchen erklärte seine Eigenkreation und ließ die Mutter auch davon probieren.

»Schmeckt gut«, sagte Sigrid.

Das Kotelett war nicht richtig heiß, aber für den ersten Versuch war das Mädchen ganz zufrieden. Abends erzählte Sigrid dem Vater von den Kochaktivitäten der Tochter.

»Lass sie einfach auch abends kochen, du kannst das sowieso nicht«, sagte Karl.

Von da an kochte das Mädchen bis zum Tod der Mutter fast jeden Abend das Essen für die Familie. Sie brachte sich alles selbst bei, manchmal las sie beim Zeitungshändler in Kochzeitschriften oder lieh sich Kochbücher in der Bücherei aus. Ihr Kochrepertoire konnte sie nicht ganz so erweitern, wie sie es gerne gewollt hätte, denn das Budget für Lebensmittel war sehr begrenzt. Sie hatte auch längst die meisten der Einkäufe übernommen und es gab strenge Vorgaben von der Mutter, was von welcher Marke eingekauft werden durfte. Sie wurde angehalten, bei Fleisch- oder Frischwaren im Supermarkt nach Sachen Ausschau zu halten, deren Haltbarkeit fast abgelaufen war, denn diese wurden immer um 50 Prozent im Preis reduziert.

Geld wurde nun immer knapper in der Familie, der Vater hatte nicht nur eine Liaison mit dem Alkohol, sondern auch mit anderen Frauen. Es kam vor, dass es die letzten drei oder vier Tage zum Ende eines Monats nur Spiegeleier und Kartoffeln zum Abendessen gab. Kartoffeln gab es immer, sie lagen im Keller in einem braunen Holzverschlag, ein Kumpel von Karl war nebenberuflich als Bauer tätig und brachte regelmäßig neue Kartoffeln vorbei. Daneben befand sich ein Verschlag für Briketts und Kohlen. In der Wohnung im ersten Stock gab es keine Heizung, deshalb standen im Wohnzimmer, in der Küche und im Zimmer des Mädchens Kohleöfen, sie trug häufig in einer großen Blechkiste neue Briketts und Kohlen hoch in die Wohnung.

Wenn es wenig zu essen gab, wurde der Vater manchmal wütend und schrie:

»Ich arbeite den ganzen Tag wie verrückt, verdammt noch mal, dann will ich abends etwas Anständiges zum Essen.«

Wenn das Mädchen dem Vater erklärte, dass leider kein Geld mehr in der Haushaltskasse sei, schwieg der Vater. Er war ihr gegenüber meistens ruhig und auf eine seltsame Weise unbeteiligt, er schlug sie auch kein einziges Mal, im Gegensatz zu ihrer Mutter. Wenn die Tochter nicht so funktionierte, wie die Mutter das erwartete, dann bekam sie eine Ohrfeige und musste oft zusätzlich stundenlang still in einer Ecke des Kinderzimmers stehen. Von Zeit zu Zeit kontrollierte die Mutter, ob die Tochter auch wirklich stramm in der Ecke stand. Manchmal sprach sie tagelang kein einziges Wort mit dem Kind, das war für das Mädchen die größte Strafe. Ein Anlass dafür konnte zum Beispiel sein, wenn das Mädchen zu etwas eine andere Meinung hatte als die Mutter, sich einfach eine Hose aus dem Kleiderschrank genommen hatte oder wenn unangemeldet eine Freundin zum Spielen mit nach Hause kam. Das Stillstehen in der Ecke neben ihrem Schrankbett fand sie nicht weiter schlimm. Sie hatte angefangen, Kurzgeschichten zu schreiben, und immer, wenn sie still in der Ecke stehen musste, dann schrieb sie im

Geiste neue Geschichten, die sie anschließend zu Papier brachte. Auch an die Schläge hatte sie sich gewöhnt. Sich tagelang anzuschweigen, das fand sie grausam.

Sigrid war der Schein nach außen sehr wichtig. Auch in Zeiten eisiger Schweigsamkeit war sie, wenn man zum Beispiel gemeinsam in der Stadt unterwegs war, sehr freundlich zu ihrer Tochter. Was sollten denn sonst die Leute denken? Ja, was die anderen Leute über sie dachten, darüber machte sich Sigrid immer sehr, sehr viele Gedanken, ihr ganzes Leben lang. Als das Mädchen zur Erstkommunion ging, plante die Mutter eine kleine Feier in einem Restaurant der kleinen Stadt. Alles sollte schön aussehen, damit die acht geladenen Gäste zufrieden sein konnten und niemand hinterher schlecht über sie sprach. Das Mädchen langweilte sich im wöchentlichen Kommunionsunterricht durch verschiedene Hausfrauen in der katholischen Gemeinde, sie konnte damit nicht viel anfangen und hätte auf das Theater auch ganz verzichten können. In die Kirche hingegen ging sie ganz gerne, am liebsten alleine. Sie mochte die Ruhe darin und die, wie sie es empfand, andächtige Stimmung, mit Religion hingegen hatte sie nicht so viel im Sinn. Als das Menü für die Erstkommunionsfeier besprochen wurde, sagte das Mädchen zu der Köchin des Restaurants:

»Ich möchte gerne Hühnerfrikassee mit Reis essen, geht das?«

Hühnerfrikassee war ihr absolutes Lieblingsessen und blieb es ihr Leben lang. Die Chefin lächelte und sagte:

»Aber natürlich geht das, das können wir machen.«

Die Mutter sah die Tochter mit hochgezogenen Augenbrauen an.

»Was du essen möchtest, interessiert niemanden, die anderen Kinder sollen bestimmen, was sie essen möchten, sie sind schließlich die Gäste und es gibt für alle Kinder das gleiche Essen. Außer dir isst kein Kind gerne Hühnerfrikassee.«

Die anderen Kinder wollten Schnitzel mit Pommes frites essen, also aß sie am Tag ihrer Erstkommunion auch Schnitzel mit Pommes frites, obwohl sie Schweinefleisch nicht sonderlich mochte. Der Tag selbst war nicht schön, man zwang sie dazu, ein albernes weißes Kleid anzuziehen, ein Krönchen auf den Kopf zu setzen und eine weiße Strumpfhose zu tragen. Sie fühlte sich sehr unwohl in dieser Verkleidung, und dennoch wurde es ein besonderer Tag für sie, denn er sollte den Beginn einer lebenslangen Leidenschaft zur Fotografie begründen. Ihr Patenonkel schenkte ihr eine kleine Kamera, sie war vollkommen überrascht und konnte ihr Glück kaum fassen. Nach dem Essen nahm sie die Kamera und verschwand von ihrer eigenen Feier. Da die Erwachsenen mittlerweile recht angeheitert waren, fiel das auch niemandem auf. Sie spazierte in den umliegenden Straßen umher und machte ihre ersten Fotos, dabei begleitete sie Willi, der schwarze Pudel ihres Patenonkels. Später in ihrem Leben zählte sie den weltweit gefeierten Fotografen Peter Lindbergh zu ihren Freunden und manchmal, wenn sie beide über

Fotografie diskutierten, dann musste sie an den Tag ihrer Erstkommunion zurückdenken.

Das Mädchen hatte häufig Kopfschmerzen. Wenn sie mit ihrer Hand über den eingedrückten Teil ihrer Schädeldecke strich, fragte sie sich, ob das wohl an dieser Verletzung lag. Doch das war nicht die einzige Sache, die ihr Kummer bereitete, das nächtliche Bettnässen machte ihr schwer zu schaffen und es sollte bald zu einem Problem werden.

Ihre Grundschullehrerin hatte sehr schnell ihr musikalisches Talent und ihre recht gute Stimme erkannt und bat die Mutter zu einem Gespräch in die Schule.

»Frau Busch, im Musikunterricht ist mir aufgefallen, dass Ihre Tochter eine wirklich schöne Stimme und offensichtlich Spaß an Musik hat. Es gibt einen sehr guten Kinderchor in der Nähe von Bonn, Sie sollten dort einmal anrufen und fragen, ob momentan noch Kinder aufgenommen werden.«

Sigrid konnte die Begeisterung der Lehrerin nicht nachvollziehen.

»Wissen Sie, Frau Mayer, das ist sehr nett von Ihnen, aber ich habe auch so genug um die Ohren. Und wir haben kein Auto, wie soll das Kind denn dann zu den Chorproben kommen? Sie soll sich besser ausschließlich auf die Schule konzentrieren.«

Die Lehrerin ließ im Gegensatz zum Schwimmlehrer nicht locker und ein paar Wochen später gab sie dem

Mädchen einen Brief für die Eltern mit nach Hause. Die Lehrerin hatte selbst Kontakt zum Chorleiter aufgenommen und dieser hatte eingewilligt, dem Mädchen einen Termin zum Vorsingen zu geben. Die Mutter war dagegen, dass die Tochter zu dem Vorsingen fuhr, dem Vater war es egal.

»Wenn sie gerne dahin möchte, dann lass sie doch. Sie kann ja lernen, mit der Straßenbahn dahin zu fahren oder mit dem Fahrrad, ist zwar noch ein bisschen weit für sie, aber machbar ist das«, sagte der Vater.

Mehr gab er zu diesem Thema nicht von sich und das Mädchen ging schließlich zu dem Vorsingen, wurde angenommen und war damit eines der jüngsten Mitglieder des Kinder- und Jugendchores. Die Chorprobe fand einmal wöchentlich statt und zur ersten Stunde fuhr die Mutter gemeinsam mit dem Mädchen in der Straßenbahn, zeigte ihr die richtige Station und den Weg zum Probelokal. Die kleine Sängerin merkte sich alles genau und fuhr von da an alleine zu den Proben. Wenn das Wetter halbwegs trocken war, dann nahm sie das Fahrrad für die rund fünf Kilometer lange Strecke.

Der Kinder- und Jugendchor hatte einen hervorragenden Ruf. Es wurden mehrere deutsche und internationale Wettbewerbe gewonnen, und Tourneen führten die Kinder- und Jugendlichen durch die ganze Welt. Der Wettbewerbs- und Tourneechor bestand aus rund 45 Mitgliedern, der Chor insgesamt aus 200 Jungen, Mädchen und jungen Frauen, wobei die männlichen Mitglieder in der Unterzahl und irgendwann ganz ausgestorben waren, spätestens mit dem Eintritt in den Stimmbruch war für die Jungs Schluss.

Das Mädchen überzeugte sehr schnell durch seine Sopranstimme und wurde, obwohl erst sieben Jahre alt, in den Tourneechor aufgenommen. Bald stand die erste Chorreise nach Frankreich an und sie war als eine der Teilnehmerinnen ausgewählt worden. Auf den Reisen übernachteten die Chorkinder immer zum Teil in Jugendherbergen und zum Teil in Gastfamilien von Partnerchören in den jeweiligen Ländern. Das Mädchen wollte unbedingt nach Frankreich mitfahren, doch als Bettnässerin erschien das unmöglich. Sie konnte sich selbst nicht erklären, warum ihr dieses Malheur nachts immer wieder passierte, sie nahm sich jedes Mal vor dem Einschlafen fest vor, nachts auf die Toilette zu gehen. Erst viele Jahre später, als Erwachsene, verstand sie, dass die andauernden Streitereien der Eltern, die kalte und emotionslose Atmosphäre zu Hause, die Alkoholsucht des Vaters und die Depressionen und Schläge der Mutter wohl einfach zu viel für eine Kinderseele waren.

Der Zufall wollte es, dass sie wegen einer Rötelnimpfung einen Arzttermin hatte und bei dieser Gelegenheit nahm sie all ihren Mut zusammen und schüttete dem Arzt ihr Herz aus. Sie berichtete von ihren nächtlichen Malheuren und von der bevorstehenden Chorreise. Der Arzt, ein älterer Mann und selbst Vater von drei Kindern, hörte ihr sehr aufmerksam zu.

»Weißt du was? Ich habe eine Idee. Ich schenke dir dieses Kalenderbüchlein hier. Für jede Nacht, die du nicht ins Bett gemacht hast, gibst du dir selbst jeden Morgen ein Sternchen. Unser Ziel ist es, so schnell wie möglich eine ganze Woche voll mit Sternchen zu bekommen. Was meinst du, wollen wir das einmal versuchen?«

»Ja, das mache ich«, sagte das Mädchen und steckte das kleine Büchlein in seine Jackentasche.

Warum auch immer, es funktionierte, das Bettnässen hörte überraschenderweise bald auf. Doch die Seele kämpfte weiter mit den Widrigkeiten zu Hause und suchte sich einen neuen Weg, das auszudrücken. Das Mädchen erkrankte an Neurodermitis, doch wenigstens waren deshalb die Reisen nicht in Gefahr.

Die erste Chorreise nach Frankreich wurde zu einem großen Abenteuer, die Sängerinnen (und eine Handvoll Sänger) fuhren in die Nähe von Contrexéville in den französischen Vogesen, dort gab es eine Partnerschaft mit einem französischen Chor. Das Mädchen wohnte bei einer französischen Gastfamilie, die kein Wort Deutsch sprach, es wurde also tagelang mit Händen und Füßen kommuniziert, da umgekehrt der Gast aus Deutschland, außer »merci«, mit seinen sieben Jahren kein einziges Wort Französisch sprach.

Die Essgewohnheiten der französischen Gastgeber kamen dem Mädchen etwas merkwürdig vor, an einem Abend stand ein riesiger Berg Froschschenkel auf dem Tisch und an einem anderen Abend roch das ganze Haus nach gekochtem Hammel mit grünen Bohnen. Sie probierte beides tapfer, vermisste aber doch ein bisschen ihr geliebtes Hühnerfrikassee mit Reis.

Sie genoss die täglichen Ausflüge, unter anderem in die Fabrik des Wasserproduzenten Contrex und in die umliegenden wunderschönen Wälder, sehr. An einigen Abenden wurden Konzerte in den umliegenden Gemeinden gegeben und die Woche verging wie im Flug. Das Mädchen bekam eine Ahnung davon, was es alles Aufregendes in der Welt zu entdecken gab, und sie begann, für diese Chorreisen zu leben, sie waren die Flucht von den Eltern und dem häuslichen Drama.

Sie wurde festes Mitglied des Wettbewerbschors und nahm dafür das harte, manchmal wöchentlich mehrfache Training und die zusätzliche Stimmbildung in Kauf. Im Winter gab es vor wichtigen Konzerten eine Schal- und Schweigepflicht und für die Älteren waren Partys, Kneipen und Zigaretten strikt verboten. Vor Wettbewerben wurden die Stimmbänder durch Gurgeln mit Obstessiglösungen gespült und der Geschmack von Salztabletten bei beginnender Heiserkeit wurde bald zur Gewohnheit. Wenn der Bundespräsident in Bonn Staatsgäste aus aller Welt empfing, dann sang der Chor häufiger im Garten des Bundespräsidialamtes, Walter Scheel und Carl Carstens gehörten zu den Fans der Sängerinnen, und auch eine stundenlange Open-Air-Aufführung von Carl Orffs »Carmina Burana« bei 30 Grad im Hochsommer schaffte sie durchzustehen, im wahrsten Sinne des Wortes. Das Chorleben war straff durchorganisiert. Wenn Fernsehaufnahmen anstanden, dann wurden die Kinder und Jugendlichen auch schon einmal von der Schule befreit. Das Mädchen lernte so in jungen Jahren eine völlig andere Welt als die ihrer Eltern kennen und dafür war sie ihr ganzes Leben lang ihrer ehemaligen Grundschullehrerin von Herzen dankbar. Die vielen Reisen durch die Welt hätten sich ihre Eltern finanziell niemals leisten können, sie waren an der Entdeckung anderer Länder auch nicht wirklich interessiert und hatten Mühe genug, in ihrer eigenen kleinen Welt zu überleben. Dass sie mit dem Chorleiter einen der dunkelsten Momente ihres Lebens durchmachen musste, konnte das Mädchen in diesen ersten Jahren nicht ahnen. Mutter Sigrid waren die Chorreisen und häufige Abwesenheit der Tochter ein Dorn im Auge, weil sie alleine mit dem Vater zurückblieb und abends selbst kochen musste. Stand eine Reise an, dann sprach die Mutter oft tagelang vorher und auch tagelang nach ihrer Rückkehr kein einziges Wort mit ihrer Tochter, sie versuchte ihr ständig ein schlechtes Gewissen zu machen.

Die Jahre in der Grundschule empfand das Mädchen als kleinstädtische und spießige Monotonie, die Eindrücke der »großen weiten Welt« veränderten ihre Wahrnehmung. Ihre Schulleistungen waren ohne große Anstrengungen gut, sie half im Haushalt mit und versuchte, den Erwartungen der Mutter zu entsprechen und gut zu funktionieren. Die Eltern gingen jeden zweiten Freitag im Monat zu einem Kegeltreffen und manchmal hatte das Mädchen Glück und die Abwesenheit der Eltern fiel zusammen mit einer neuen Folge der Fernsehsendung »Aktenzeichen XY ... ungelöst«, die sie sich immer heimlich anschaute. Ein Auto oder Telefon gab es in der Familie nicht, aber einen Fernseher, den hatte Vater Karl irgendwann wegen der Boxkämpfe von Muhammad Ali und dem aktuellen Sportstudio angeschafft. Mutter Sigrid entwickelte sich zu einem Fan von »Einer wird gewinnen«

mit Hans-Joachim Kulenkampff und »Auf Los geht's los« mit Blacky Fuchsberger. Letzterer war der einzige Moderator dieser Zeit, den das Mädchen ganz gut fand. Das lag an der Tatsache, dass er als Schauspieler in vielen Edgar-Wallace-Filmen mitspielte. Aber Eduard Zimmermann war ihr einziger Held und sie war stets aufs Neue von den dort gezeigten Fällen fasziniert und beschloss, den Berufswunsch der Detektivin auszuweiten und zusätzlich auch noch Verbrecher zu jagen.

In der vierten Klasse der Grundschule wurde eine neue Mitschülerin aufgenommen. Catriona war die Tochter des neuen stellvertretenden amerikanischen Botschafters in Bonn und da die Familie lieber etwas außerhalb leben wollte, wurden die insgesamt drei Kinder auf verschiedene Schulen verteilt. Als Catriona am ersten Tag in die neue Klasse kam, wurde sie von den anderen Kindern ziemlich misstrauisch gemustert. Sie sah aus wie eine Mini-Erwachsene, trug ein Kostüm mit einem weiten Tellerrock und Schuhe mit leichtem Absatz. Dazu sprach sie nur schlecht Deutsch mit starkem amerikanischen Akzent. Sie bekam einen Platz in der letzten Reihe und in der Pause stand sie alleine auf dem Schulhof. Was die anderen Kinder offensichtlich eher merkwürdig fanden, gefiel dem Mädchen aus der kleinen Wohnung in der kleinen Stadt, denn sie war es gewohnt, als Arbeiterkind häufiger ausgegrenzt und gemustert zu werden. Die beiden Mädchen freundeten sich an und eines Tages lud Catriona ihre neue Freundin zum ersten Mal zu sich nach Hause ein. Die amerikanische Familie wohnte etwas oberhalb der kleinen Stadt in einer wunderschönen weißen Villa mit Blick auf das Rheintal, und der Weg mit dem Fahrrad dorthin war durch den Berganstieg recht anstrengend. Als das Mädchen klingelte, öffnete eine Dame in einer weißen Schürze und mit einem weißen Häubchen auf dem Kopf die Haustür.

»Das ist ja lustig hier«, dachte sich das Mädchen, »hier öffnen andere Menschen die Haustüre, nicht die Familie, die im Haus wohnt.«

»Du musst Catrionas Freundin aus der Schule sein, du wirst schon erwartet«, sagte die freundliche Empfangsdame.

Sie führte das Mädchen durch einen großen Flur mit einem schönen weißen Marmorboden und vielen Spiegeln an der Wand in ein noch größeres Wohnzimmer. Das Wohnzimmer war ungefähr so groß wie die gesamte Wohnung, in der das Mädchen wohnte. Entlang der Wände standen viele Antiquitätenschränke und Vitrinen, davor vier verschiedene cremefarbene Sofas mit kleinen Tischen, und auf dem hellbraunen Holzboden befanden sich mehrere Teppiche. Aus den vielen Fenstern, die alle entlang einer riesigen Terrasse lagen, hatte man eine tolle Sicht auf den Rhein. Das Mädchen war noch nie in seinem Leben in so einem schönen Haus gewesen. Die Mutter von Catriona saß auf einem der Sofas. Als sie die junge Besucherin sah, stand sie auf und begrüßte das Mädchen sehr herzlich:

»Wie schön, dass du da bist, Catriona freut sich schon sehr auf euren gemeinsamen Nachmittag. Lissy, bitte rufen Sie doch nach meiner Tochter«, wandte sie sich der Hausdame zu.

Catrionas Mutter war eine sehr elegante Frau. Sie trug ein dunkelblaues Kostüm mit beigefarbenen High-Heels und die dunklen Haare waren zu einem Chignon-Haarknoten verschlungen. Perlenohrringe und verschiedene Ringe an den rot lackierten Fingernägeln rundeten die fast schon klischeehafte elegante Erscheinung einer Diplomatengattin ab. Sie sprach sehr gut Deutsch und der amerikanische Akzent gab ihr manchmal eine amüsante Note. Zu der Familie zählte noch Catrionas ältere Schwester Meghan und der ältere Bruder Walter. Walter lebte ein bisschen in seiner eigenen Welt, von Schule, Lernen, Diplomatenleben und Etikette hielt er nicht besonders viel und seine Mutter verzweifelte häufiger an der Trägheit ihres Sohnes. Manchmal, wenn das Essen fertig war und alle anderen schon am Tisch saßen, dann stand die Mutter unten in der Eingangshalle und rief über drei Stockwerke:

»Waaaaaallllttter, please, darling, come down, dinner is ready.«

Walter tauchte in der Regel aber gar nicht oder erst dann auf, wenn alle anderen schon mit Essen fertig waren. Ernsthaft böse war die Mutter ihm deswegen aber nie, sie nahm ihren Sohn und ihre Kinder generell mit viel Humor und lachte gerne, oft und sehr laut.

Die beiden Schulfreundinnen verbrachten von da an viel Zeit miteinander und das Mädchen aus der kleinen

Wohnung war oft Gast in der Diplomatenvilla am Hang. Sie hatte immer angenommen, dass es in allen Familien so lieblos und rau zugeht wie in ihrer eigenen, sie hatte lange keine Vergleiche gehabt. Nun lernte sie quasi das andere Extrem eines Familienlebens kennen: wohlhabend, sehr gebildet, warmherzig und voller Humor. Sie war in dieser Familie immer herzlich willkommen und niemand gab ihr das Gefühl, »nur« ein Arbeiterkind zu sein, das sollte sich später auf dem Gymnasium bei anderen Mitschülern ändern.

IV

Als sich die Zeit in der Grundschule dem Ende zuneigte, stellte sich die Frage, auf welche Schule das Mädchen gehen sollte. Die Grundschullehrerin bat die Mutter zu einem Gespräch in die Schule.

»Von den Noten her kann Ihre Tochter leicht auf das Gymnasium gehen, sie ist eine der Besten in meiner Klasse. Aber ich möchte ehrlich zu Ihnen sein, es wird für sie als Arbeiterkind und dann noch als Mädchen auf dem Gymnasium nicht einfach werden, es gibt leider immer noch viele Vorbehalte gegen Kinder aus einfachen Familien. Vielleicht geben Sie sie besser auf die Realschule.«

Sigrid war derselben Ansicht. Sie dachte, dass es eine gute Sache sei, nach der Realschule eine Büroausbildung zu machen und als Sekretärin oder Buchhalterin zu arbeiten. Bloß nicht zu weit nach den Sternen greifen und noch wichtiger: bitte nicht auffallen. Sie erzählte dem Vater am Abend von dem Gespräch mit der Lehrerin und dem Vorschlag, das Mädchen an der Realschule anzumelden. Der Vater schaute zwischen seiner Tochter und der Mutter hin und her und zuckte mit den Schultern.

»Mir ist egal, auf welche Schule sie geht, Hauptsache, sie lernt hinterher einen anständigen Beruf. Auf welche Schule möchtest du denn?«

»Ich möchte auf das Gymnasium gehen, Catriona geht auch dorthin und ich möchte gerne viel lernen.«

Das Mädchen hatte mittlerweile verstanden, dass sie es nur aus ihren Familienverhältnissen herausschaffen würde, wenn sie das Abitur macht. Nebenher wollte sie durch kleine Jobs ihr eigenes Geld verdienen und sparen, um so schnell wie möglich nach dem Abitur aus diesem Elternhaus ausziehen zu können.

»Also wenn du auf das Gymnasium gehen möchtest, dann mach das. Aber dann sieh auch zu, dass du da durchkommst, wir können dir nicht helfen.«

Nach der Sache mit dem Chor hatte der Vater, obwohl ihm ihr Werdegang im Grunde egal war und er ansonsten kein Interesse an seiner Tochter zeigte, ihr dennoch eine große Chance eröffnet. Das Mädchen griff zu, wurde am Gymnasium angemeldet und auch angenommen. Leider wurde der Vater von Catriona am Ende des ersten Jahres auf dem Gymnasium zum Botschafter in einem anderen Land ernannt und es hieß für die beiden Mädchen Abschied nehmen. Sie schrieben sich noch einige Jahre lang Briefe, haben sich jedoch nie mehr wiedergesehen.

Der Umzug ihrer Freundin war für das Mädchen ein herber Einschnitt, sie waren beide so etwas wie Außenseiter in der Klasse gewesen, die eine überdurchschnittlich wohlhabend, viersprachig und aus einer weitgereisten Diplomatenfamilie, die andere ein Arbeiterkind mit den Zwei-Streifen-Turnschuhen aus dem Discounter und komischen Klamotten. In der Klasse gab es verschiedene Cliquen und sie war das einzige Mädchen aus einer Arbeiterfamilie, ihre Mitschüler schauten oft recht abfällig auf sie herab, wenn sie bei dem Kampf um die schönsten Markenturnschuhe oder den neuesten Walkman nicht mithalten konnte. Nach einer Weile freundete sie sich mit einer Mitschülerin an, die wie sie zu keiner dieser Cliquen gehörte. Sabine hatte durch ihren älteren Bruder einen großen Freundeskreis und stammte aus einer bekannten Kaufmannsfamilie, das brachte ihr nicht nur eine neue »zweite Familie« ein, sondern auch den ersten Aushilfsjob. Sie begann, so gut es ihre häusliche Situation mit Mutter Sigrid erlaubte, im Sportgeschäft von Sabines Eltern bei den Auspack- und Aufräumarbeiten zu helfen und bekam dafür fünf DM pro Stunde. Später kamen in den Sommerferien Jobs in Großküchen, Eisdielen und Fabriken hinzu und sie sparte eisern das dort verdiente Geld über viele Jahre. Sabine wohnte nicht weit von der kleinen Wohnung in der kleinen Stadt entfernt, ihre Eltern hatten ein wunderschönes und großes Penthouse direkt am Rhein und dort war das Mädchen ein häufiger und immer willkommener Gast. Sie schauten oft James-Bond-Filme oder Spielfilme mit Louis de Funès, besonders die Fantômas-Serie hatte es ihnen angetan.

Die Chorreisen führten das Mädchen weiterhin zu spannenden Orten auf dieser Welt. Als sie 13 Jahre alt war, reisten die Sängerinnen nach Israel. Wie auf den meisten Chorreisen wohnten die Chormitglieder wieder einen Teil der Reise bei Familien des Partnerchores in Jerusalem, den anderen Teil verbrachte der Chor im Kibbuz »Ramat Rachel« am südlichen Stadtrand von Jerusalem mit Blick auf Betlehem. Die Aussicht von dort oben war atemberaubend und sie saß öfter auf einer kleinen Mauer am Rand des Kibbuz und genoss den Ausblick, der eine gewisse magische Wirkung auf sie hatte. Dazu hörte sie Musik von Supertramp oder Alan Parsons Project, sie war nun auch endlich stolze Besitzerin eines Walkmans, ihr Patenonkel war wieder einmal als Geschenkgeber eingesprungen. Dass sie und der Sänger von Supertramp später in ihrem Leben einander freundschaftlich verbunden sein würden, konnte sie zu diesem Zeitpunkt nicht ahnen, so etwas lag vollkommen außerhalb ihrer Vorstellungskraft. Sie mochte seine helle, ungewöhnliche Tenorstimme und die Liedtexte kannte sie alle auswendig.

Der Chor gab fast jeden Abend Konzerte in Jerusalem oder Tel Aviv und der damalige Bürgermeister von Jerusalem, Teddy Kollek, war der größte Fan. Teddy war ein Naturereignis, nein, eine Naturgewalt mit unbändiger Lebensenergie und Temperament, der selten eine Feier ausließ. Er war fast 30 Jahre lang Bürgermeister von Jerusalem und setzte sich immer für ein friedliches Miteinander der verschiedenen Menschen und Religionen ein. Teddy wurde 95 Jahre alt und verstarb im Jahr 2007 in seiner geliebten Stadt Jerusalem.

An einem Tag hatten die Sängerinnen etwas Freizeit und sie fuhr mit einigen älteren Chorschwestern zum Einkaufen in den Basar in der Altstadt von Jerusalem. Sie hatte nur sehr wenig Taschengeld von den Eltern für die Reise bekommen und war stets sparsam. Als sie ein Paar Ledersandalen entdeckte, wollte sie diese sehr gerne haben.

»Du musst hier um den Preis verhandeln, du kannst bestimmt die Hälfte sparen«, sagte eine ältere Chorschwester zu ihr.

Das Mädchen versuchte sein Glück und tatsächlich, nach einigem Hin und Her war der Händler bereit, den von ihr vorgeschlagenen niedrigeren Preis zu akzeptieren. Als er ihr die in Papier eingewickelten Ledersandalen überreichte, sagte er zu ihr:

»Hier sind deine Sandalen, du deutsches Nazischwein.«

Das Mädchen bekam es etwas mit der Angst zu tun und lief mit den anderen Chorschwestern schnell weg. Sie dachte noch lange darüber nach, warum der Mann ein junges Mädchen ein Nazischwein nannte, aber vielleicht hatte er auch einfach nur einen schlechten Tag.

Der Chor unternahm viele Ausflüge auf dieser Reise, unter anderem fuhren sie nach Masada, eine archäologische Stätte auf einem Gipfelplateau hoch über dem Toten Meer. In Jerusalem besuchten sie Yad Vashem, eine Gedenkstätte, die an die nationalsozialistische Judenvernichtung erinnert und sie wissenschaftlich dokumentiert. Für viele Chorschwestern war diese Ausstellung emotional zu belastend und sie liefen weinend hinaus ins Freie. Das Mädchen schaute sich alles in Ruhe an und dachte viel darüber nach, zu was Menschen alles fähig sind. Warum hatte niemand etwas dagegen getan oder aufbegehrt? Warum waren so viele Menschen einfach mitgelaufen und wie konnte man Menschenmassen so bestimmen und leiten? Diese Frage beschäftigte sie einen Großteil ihres Lebens, vielleicht besuchte sie auch deshalb Israel als Erwachsene noch einige Male.

Kurz nach der Rückkehr aus Israel erkrankte das Mädchen an einer schweren Gürtelrose, die rechte Körperhälfte war vom Kopf bis zu den Zehen mit schmerzhaften roten Pusteln übersät, jede Berührung verursachte höllische Schmerzen. Über mehrere Wochen konnte sie nur, wenn überhaupt, im Sitzen schlafen, durfte nicht duschen und musste den Hautausschlag täglich mit einer weißen Tinktur behandeln. Am Ende waren die Pusteln alle ohne Narben verheilt, ihre Seele hingegen kämpfte weiter mit den Schwierigkeiten in ihrem Elternhaus. Sigrid und Karl beschimpften sich nur noch gegenseitig und warfen dem jeweils anderen vor, das eigene Leben ruiniert zu haben.

Die wenigen Freuden und Freiheiten, die man ihr als Kind und jungem Mädchen bis dahin zugestanden hatte, wurden wenige Monate später noch einmal dramatisch reduziert. Bei Sigrid wurde Brustkrebs festgestellt, der Tumor war aggressiv und bei der Diagnose bereits ziemlich groß. Das Mädchen erinnerte sich daran, dass Sigrid häufiger darüber gesprochen hatte, dass sie bestimmt einmal an Brustkrebs erkranken und sterben werde. Nannte man so etwas eine sich selbst erfüllende Prophezeiung? Sie hatte den Knoten wohl schon eine Zeit lang getastet, war aber aus Angst vor der Diagnose – auch ihre Mutter war an Brustkrebs erkrankt – nicht zum Arzt gegangen.

Die Operation, bei der die linke Brust von Sigrid amputiert wurde, fand in dem Krankenhaus statt, in dem das Mädchen geboren worden war, und bei ihrem ersten Besuch in der Klinik dachte sie, wie nah Geburt und Tod doch beieinanderliegen. Jeden zweiten Tag fuhr sie nach der Schule mit der Straßenbahn nach Bonn, um die

Mutter zu besuchen, manchmal begleitete der Vater sie, er kam dann früher von der Arbeit nach Hause. An den anderen Tagen versuchte sie den Haushalt so gut es ging weiter im Griff zu behalten und in der Schule nicht den Anschluss zu verlieren. Nach ein paar Tagen erwähnte die Mutter, dass im Anschluss an die Operation eine Therapie erfolgen würde. Das Mädchen hatte noch nie etwas von Chemotherapie gehört und fragte sich, was das genauer bedeutete. Bei einem ihrer Krankenhausbesuche ging sie in das Schwesternzimmer auf dem Flur und fragte eine der Frauen, ob sie ihr erklären könnten, was Chemotherapie bedeute. Um den Tisch saßen drei Krankenschwestern, die sie mit großen Augen ansahen.

»Das können wir dir leider nicht sagen, da müsstest du mal einen Arzt fragen.«

»Wo finde ich denn hier einen Arzt, der mir das erklären kann?«

»Komm mit«, sagte eine der Krankenschwestern und stand auf.

Sie ging mit dem Mädchen ans andere Ende des Flurs und klopfte an eine Tür.

»Warte kurz hier, ich bin gleich wieder da«, sagte sie zu dem Mädchen.

Dann ging sie ins Zimmer und man hörte sie und eine männliche Stimme einige Minuten über etwas diskutieren.

»Wo kommen wir denn da hin, wenn ich Kindern Medizin erklären soll, ich habe Wichtigeres zu tun«, hörte das Mädchen die männliche Stimme sagen. »Außerdem habe ich doch vorgestern bereits mit dem Vater gesprochen.«

Was die Krankenschwester antwortete, konnte das Mädchen nicht verstehen, aber sie sprach eine längere Zeit mit dem Mann. Dann ging endlich die Tür auf und das Mädchen durfte eintreten. Die Krankenschwester verließ das Zimmer und machte die Türe leise zu.

»Setz dich doch bitte«, sagte der Mann im weißen Kittel zu dem Mädchen und deutete auf den Stuhl vor seinem Schreibtisch.

Vor ihr saß ein mittelalter, schmaler Mann mit wenigen grauen Haaren, der auf das Mädchen einen gestressten Eindruck machte.

»Also, du möchtest wissen, was eine Chemotherapie ist?«, fragte der Mann.

»Ja, können Sie mir das erklären? Meine Mutter weiß es leider auch nicht so genau, sie meinte nur, dass sie an einen Tropf angeschlossen wird.«

Der Arzt erklärte ihr, dass die Chemotherapie eine medikamentöse Therapie von Krebserkrankungen sei und bei ihrer Mutter in Form von Infusionen verabreicht werde. Die Medikamente sollten in den Vermehrungszyklus der Krebszellen eingreifen und so das Tumorwachstum hemmen. Er berichtete ihr von Übelkeit und Haarausfall nach den einzelnen Infusionen, die Sigrid im Abstand von zwei Wochen erhalten sollte, und dass die Therapie insgesamt rund ein Jahr dauern würde. Während das Mädchen den Erklärungen des Arztes aufmerksam folgte, blickte es aus dem Fenster.

»Meine Mutter wird sterben, habe ich recht?«

Der Arzt unterbrach seine Erklärungen und sah das Mädchen mit großen Augen an.

»Wie kommst du denn darauf? Also so etwas darfst du nicht sagen.«

»Warum nicht? Weil es die Wahrheit ist? Ich bin noch sehr jung, aber nicht dumm. Also sagen Sie mir bitte die Wahrheit.«

Der Arzt sah sie schweigend an, dann blickte auch er eine Zeit lang aus dem Fenster.

»In Ordnung, ich will ehrlich zu dir sein. Es sieht nicht gut aus für deine Mutter, ihre Chancen, die nächsten fünf Jahre zu überleben, liegen bei circa zehn Prozent.«

»Bitte sagen Sie das meiner Mutter nicht, sie hat sowieso keine Freude am Leben, weint und liegt oft im Bett. Wenn sie weiß, dass sie sterben wird, dann wird bestimmt alles noch schlimmer.«

»Dann bleibt das unser Geheimnis«, sagte der Arzt, stand auf und begleitete das Mädchen zur Tür.

Er wollte nichts über die näheren Lebensumstände in der Familie wissen und machte auf das Mädchen einen erleichterten Eindruck, als sie endlich sein Büro verließ. Niemand wollte in den nächsten Jahren bis zum Tod von Sigrid etwas über die Lebensumstände in der Familie wissen, weder ein Lehrer noch einer der vielen Ärzte, die im Laufe der Jahre bei den neuen Operationen und Rückfällen in die Krankengeschichte von Sigrid involviert waren. Das Mädchen funktionierte tadellos wie ein Uhrwerk, war weiterhin gut in der Schule, erledigte alle Arbeiten im Haushalt und war guter Laune. Niemand fragte, wie es ihr ging.

Der Lebensmut von Sigrid sank in den nächsten Monaten und Jahren immer weiter, auch wenn in der Familie oder bei Ärzten kein einziges Mal über das bevorstehende Lebensende gesprochen wurde. Der Tod sah das Mädchen jeden Tag und jede einzelne Stunde durch die Augen der Mutter an. Je weiter die Chemotherapie voranschritt, desto schlechter ging es Sigrid, die Haare waren mittlerweile komplett ausgefallen und die wenigen Male, die sie es bis auf die Straße schaffte, trug sie eine Perücke. Oft lag Sigrid, die nicht alleine sein konnte, nachmittags im Kinderzimmer auf dem Sofa und döste vor sich hin, während das Mädchen Hausaufgaben machte. Sigrid musste sich häufig übergeben und regelmäßig leerte das Mädchen den Eimer, der neben dem Sofa stand, aus. Obwohl das Mädchen verstand, dass es der Mutter sehr schlecht ging, fühlte sie sich manchmal von ihrer Anwesenheit erdrückt, sie hatte keinerlei Privatsphäre mehr. Sie dachte häufig darüber nach, wie schön es wäre, einen Bruder oder eine Schwester zu haben, dann hätte sie jemanden zum Reden und müsste nicht alles alleine zu Hause aushalten. Wenn sie die Wohnung verließ, um in die Schule zu gehen, Lebensmittel einzukaufen oder zur Chorprobe zu fahren, dann verspürte sie immer den Druck, schnell wieder nach Hause zur kranken Mutter zu müssen. Für ihre Freunde hatte sie bald keine Zeit mehr. Als nach dem Ende der Chemotherapie die Haare langsam wieder anfingen zu wachsen, da verbrannten Sigrid und sie die Perücke im Garten, es stank bestialisch. Doch auch wenn die Haare wieder zurückgekehrt waren, der Lebensmut von Sigrid war es nicht, wie konnte auch etwas zurückkommen, das es vorher nicht gegeben hatte, dachte sich das Mädchen. Es war kaum vorstellbar, aber seit der Krebserkrankung der Mutter trank der Vater noch mehr, manchmal jedoch brachte er in einem Vier-Topf-Henkelmann aus Blech etwas Essen aus der Werkskantine mit nach Hause.

»Damit du nicht immer kochen musst«, sagte er zu seiner Tochter und stellte den Henkelmann auf dem Kohleherd in der Küche ab.

Das Essen, häufig fette Würste oder Bratenstücke mit matschig gekochten Kartoffeln, schmeckte scheußlich, aber immerhin war etwas Warmes im Magen und sie hatte abends Zeit gespart, um für die Schule lernen zu können.

Neue Kraft und Energie tankte das Mädchen immer dann, wenn es verreisen konnte. In der Schule war ein sechswöchiges Sprachstipendium an einer englischen Partnerschule ausgeschrieben worden und das Mädchen hatte sich, ohne das Wissen der Eltern, beworben. Eine Woche nach dem Ende der Bewerbungsfrist verkündete der Englischlehrer das Ergebnis, das Mädchen hatte gewonnen. Der Lehrer freute sich aufrichtig mit ihr, er war fast der einzige Lehrer des Kollegiums, der sie nicht spüren ließ, dass sie ein Arbeitermädchen war. Voller Freude auf sechs Wochen in England berichtete sie zu Hause von den Neuigkeiten, die Freude lag jedoch ausschließlich auf ihrer Seite. Sigrid machte ihr große Vorwürfe und meinte, sie könne sie nicht sechs Wochen lang alleine mit dem Vater lassen. Karl pflichtete seiner Frau bei und fragte, wer denn dann den Haushalt und das Essen machen sollte, und überhaupt, sechs Wochen seien einfach zu lang. Schweren Herzens gab das Mädchen das Stipendium zurück.

»Bist du dir wirklich sicher?«, fragte der Englischlehrer erstaunt.

»Meine Eltern erlauben es mir nicht, ich kann nichts daran ändern, ich wäre sehr gerne gefahren.«

Einige Zeit später stand eine neue Chorreise an, dieses Mal reisten die Sängerinnen in die USA, nach El Paso in Texas an der mexikanischen Grenze. Die Aussicht auf eine 14-tägige Auszeit von zu Hause und die erste Reise nach Amerika beflügelten das Mädchen, und ihre Vorfreude war riesig. Die Mutter versuchte zwar wieder, ihr die Reise madig zu machen, aber als das Mädchen schließlich mit den anderen im Flugzeug Richtung USA saß, atmete sie tief durch und konnte sich endlich entspannen.

Ein Partnerchor in El Paso war der Gastgeber und die Sängerinnen wohnten die gesamte Zeit in Gastfamilien, das Mädchen kam zu einer mexikanischen Familie mit drei Kindern. Das Haus der Familie war eine kleine mexikanische Hacienda und hatte sogar einen Pool, das Mädchen war hin und weg und hätte am liebsten sofort einen Aufenthaltsverlängerungsantrag gestellt. Beide Eltern arbeiteten als Ärzte in El Paso, begrüßten den Gast aus Deutschland mit großer Herzlichkeit und tischten jeden Abend Unmengen von mexikanischem Essen auf. Das Mädchen genoss es sehr, inmitten einer Familie, die auch miteinander sprach, abends stundenlang an einem langen Holztisch zu sitzen. An manchen Abenden kamen noch andere mexikanische Verwandte dazu, die alle neugierig auf den Gast aus »Tschörminie« waren. Die Familie fragte sie allerlei Dinge über das Leben in Deutschland, unter anderem wollten sie wissen, ob sie denn auch einen Kühlschrank zu Hause hätten.

»Also einen Kühlschrank haben wir schon, aber kein Auto und auch kein Telefon«, antwortete das Mädchen.

»Wie bitte?«

Der mexikanische Vater sah sie mit großen Augen an.

»Ihr habt kein Auto? Aber ihr Deutschen baut doch so tolle Autos, wie kann man da kein Auto haben?«

Er gestikulierte und ruderte wild mit seinen Armen umher.

»Ich weiß, aber bei meinen Eltern ist alles etwas anders«, sagte das Mädchen achselzuckend.

Die beiden Töchter der Gastfamilie besuchten die High School, während Sohn Michael gerade mit dem Studium begonnen hatte. Er war ein großer Fan von diversen Hardrock- und Pop-Gruppen und an einem Abend nahm er den Gast aus Deutschland mit auf ein Konzert in New Mexico. Die Fahrt zum Konzertdom, mitten in der Wüste gelegen, war ein ziemliches Abenteuer, Michael fuhr einen uralten Porsche, der keine Seitenfenster mehr hatte. Mit einer Affengeschwindigkeit bretterte er von El Paso in Richtung Wüste und das Mädchen brauchte einige Tage, um sich wieder vollständig vom Sand und Staub zu befreien. Aber das war der Konzertspaß wert.

Tagsüber unternahm der Chor gemeinsam viele Ausflüge in einem extra angemieteten Bus, unter anderem fuhren sie an einem Tag über die Grenze nach Mexico und besuchten die Stadt Juarez. Während El Paso eine sehr sichere Stadt war, galt Juarez als eine der gefährlichsten Städte der Welt, geprägt von Drogenhandel und Kriminalität, das hat sich auch bis heute nicht geändert. Das Mädchen war begeistert, sie war ja seit vielen Jahren eine treue Stammzuschauerin von »Aktenzeichen XY ... ungelöst«, mittlerweile schaffte sie es auch, bis zur Spätausgabe wach zu bleiben, und verfolgte diese auf ihrem eigenen kleinen TV-Gerät mit Zimmerantenne, ein weiteres großzügiges Geschenk des Patenonkels. Dadurch sowie durch die Filmreihe »Miss Marple« mit Margaret Rutherford war sie mittlerweile auch eine, wie sie dachte, veritable Hobby-Kommissarin für ungeklärte Mordfälle – von denen es in Juarez jedes Jahr Tausende gab und bis heute gibt – geworden. Sie sah daher dem Ausflug in die Stadt der neuen Drogenbarone mit großer Spannung entgegen, denn in den 1980er Jahren gewannen die mexikanischen Schmuggler immer größere Bedeutung im Drogengeschäft und lösten damit in großen Bereichen die kolumbianischen Kartelle ab. Ihre Begeisterung teilte keine der Chorschwestern mit ihr, die meisten hätten auf die Fahrt in diesen Teil von Mexico auch gut verzichten können. Es wurde ein Tag voller interessanter Eindrücke, doch als es zurück Richtung El Paso ging, wurde es bei der Einreise ein bisschen kompliziert. Amerikanische Grenzbeamte kamen in den Bus der Sängerinnen und kontrollierten jeden einzelnen Ausweis. Natürlich hatte das Mädchen seinen Pass griffbereit, nicht jedoch die sogenannte White Card, ein Dokument, das bei der Einreise in die USA am Flughafen jedem ausgehändigt worden war. Die lag bei der Gastfamilie in der mexikanischen Hacienda. Das gefiel den Grenzbeamten nicht und das Mädchen musste, mit einer anderen Chorschwester, die auch ihre White Card nicht dabeihatte, aus dem Bus aussteigen. Eine der Betreuerinnen lief hektisch hinterher und vor dem Bus kam eine lebhafte Diskussion zwischen der Betreuerin und den Grenzbeamten in Gang, wie nun mit den beiden Mädchen ohne White Card aus Deutschland zu verfahren sei. Die Beamten verlangten, dass ein völlig neuer Einreiseprozess zu starten sei, was mit einem erheblichen Zeitaufwand und zusätzlichen Kosten verbunden gewesen wäre. Das Mädchen hörte eine Zeit lang zu und sagte dann, mittlerweile recht gut Englisch sprechend:

»Liebe Polizei, ich meine, sehen wir aus wie mexikanische Einwanderer? Können Sie uns nicht so weiterfahren lassen, wir müssen später noch ein Konzert in El Paso singen und haben es ein bisschen eilig.«

Dabei lachte das Mädchen und zeigte auf seine blonden Haare und die ihrer Chorschwester. Irgendwie fingen dann alle an zu lachen, die Beamten drückten beide Augen zu, der Bus konnte weiterfahren und wieder in die USA einreisen.

Die Zeit in Amerika verging wie im Flug und das Mädchen entfernte sich gedanklich immer mehr von zu Hause. Als sie am Tag der Abreise am Flughafen saß, dachte sie sich, wie schön es wäre, wenn sie einfach dort bleiben könnte.

Als sie wieder nach Hause kam, hatte sich Sigrid auf eine merkwürdige Weise verändert. Sie sprach zunächst drei Tage kein einziges Wort mit ihrer Tochter, doch das war nicht das erste Mal, dieses Spiel kannte das Mädchen ja mittlerweile. Vater Karl wollte nur wissen, ob es schön war, und nach dieser einen Frage und deren Bejahung war seine Neugier befriedigt. Als das Mädchen begeistert mehr erzählen wollte, sagte er:

»Jaja, schön, dass es dir gefallen hat, ich kann mir da sowieso nichts drunter vorstellen. Lass mal gut sein.«

Nach drei Tagen Schweigen machte Sigrid der Tochter schwere Vorwürfe, dass sie sie alleingelassen hatte und sich einfach so zwei Wochen lang in Amerika amüsiert habe. Die Stimmung war von da an noch gereizter und kälter, als sie es ohnehin schon über viele Jahre gewesen war. Sigrid begann mit einer Art Psychoterror gegenüber ihrer heranwachsenden Tochter. Selten konnte das Mädchen etwas gut genug oder richtig machen, sie versuchte daher stets, möglichst wenig Aufsehen zu erregen und einfach im Sinne der Mutter zu funktionieren. Vater Karl hielt sich wie immer aus allem heraus. Als sie sich eines Tages von ihrem Taschengeld einen Palästinenserschal gekauft hatte (der damals unter Jugendlichen sehr en vogue war), sah die Mutter sie nur angewidert an und meinte:

»Jetzt bist du endgültig in der Gosse gelandet. Komm mir bloß nicht mit einem Balg nach Hause und vergiss nicht, solange du deine Füße unter unseren Tisch stellst, wird gemacht, was ich sage.«

Das Mädchen dachte darüber nach, was sie in den letzten Jahren alles für die Mutter und im Haushalt gemacht hatte, und fand die Vorhaltungen ungerecht. Aber sie schwieg dazu, das erschien ihr klüger. Zu dieser Zeit befand sich die Krebserkrankung von Sigrid in einem Ruhezustand und vielleicht, dachte das Mädchen, lebt sie doch noch viel länger, als der Arzt ihr damals im Krankenhaus gesagt hatte. Und vielleicht, so dachte sich das Mädchen weiter, wäre es für Sigrid leichter zu leben, wenn die Tochter ausgezogen wäre, vielleicht würde sich dann die

Trennung vom Vater verwirklichen und damit ein neuer Lebensmut finden lassen.

Es waren noch ein paar Jahre bis zum Abitur, so lange musste sie einfach durchhalten. Danach wollte sie sofort ausziehen und in Wien Jura mit Schwerpunkt Strafrecht und Kriminologie studieren, sie fühlte eine Verbundenheit zu Wien, die sie sich selbst nicht erklären konnte, denn sie war noch nie dort gewesen. Die Gedanken an diese Zukunft ließen das Mädchen einiges ertragen, das Wort Privatsphäre zum Beispiel kannte die Mutter nicht. Sie kontrollierte sie auf Schritt und Tritt, brach zum Beispiel ihr verschlossenes Tagebuch auf und las darin. Als das Mädchen das Tagebuch aufgeschlagen auf ihrem Schreibtisch liegen sah, nahm sie es, ging zum Rheinufer und warf das Büchlein hinein. Sie schrieb nie wieder in ihrem Leben ein Tagebuch und gewöhnte sich an, alle für sie wichtigen Erlebnisse, Gedanken und Dialoge in ihrem Kopf abzuspeichern.

Der Chor nahm erneut an einem international sehr bekannten Chorwettbewerb in Montreux in der schönen Schweiz teil. Sie war auf einer der früheren Reisen schon einmal dort gewesen und freute sich sehr auf das Ereignis. Mehrere Persönlichkeiten aus der Welt der Musik bilden bei diesem hochkarätigen Wettbewerb, den es auch heute noch gibt, eine internationale Jury, welche die besten Darbietungen auszeichnet, der Chor hatte dort bereits Preise gewonnen. Ihr gefiel das Städtchen am See sehr, es hatte ein gemütliches Flair und durch die umliegenden Berge, je nach Tageszeit und Wetter, ein malerisches Ambiente. Der Chor wohnte etwas oberhalb der Stadt in einer schönen Unterkunft mit großen Zimmern, von denen die meisten eine eigene Terrasse hatten. Sie teilte sich das Zimmer mit zwei Chorschwestern. Die Tage vor dem Wettbewerb waren gefüllt mit Proben, Stimmbildung, Probeauftritten im Konzertsaal und kleinen Ausflügen in die nahe Umgebung, die Stunden waren streng durchgetaktet.

Auch wenn es manchmal anstrengend war, keine Minute für sich alleine zu sein, genoss sie die Stimmung und Atmosphäre, alles lief normal seinen Gang – bis zu diesem Nachmittag. Danach lief nichts mehr normal und sollte es für sehr lange Zeit auch nicht mehr tun. Auf einmal stand der Chorleiter im Zimmer, er hatte einfach ohne Anklopfen die nicht verschlossene Zimmertüre geöffnet. Sie saß mit den beiden Zimmergenossinnen auf ihrem Bett und unterhielt sich mit ihnen und alles ging sehr schnell. Auf einmal rannten die beiden Chorschwestern panisch hinaus auf die Terrasse und der Chorleiter lag auf ihr drauf.

»Jetzt nehme ich dich endlich«, keuchte er ihr verschwitzt ins Ohr. »Und wenn ich so fertig bin mit dir, dann von hinten.«

Sie lag wie erstarrt auf dem Bett, spürte sein erregtes Glied zwischen ihren Beinen und seine Hände, die sie überall betatschten. Der schwitzende, keuchende Mann versuchte sie zu drehen und in diesem Moment erwachten ihre Lebensgeister wieder. Sie rammte ihm ihr Knie zwischen die Beine, er schrie auf, ließ von ihr ab und verschwand schnellen Schrittes aus dem Zimmer. Wie lange sie anschließend einfach auf dem Bett liegen blieb, konnte sie sich auch später nicht wieder in Erinnerung rufen. Sie fühlte sich schmutzig, ohnmächtig und erniedrigt, wie konnte ein Vater von vier Töchtern und Mann der Kirche (er war auch als Organist für die katholische Kirche tätig) einem Mädchen so etwas antun? Die beiden Chorschwestern standen selbst unter Schock, als sie vorsichtig nach einer Weile von der Terrasse wieder ins Zimmer zurückkamen. Sie taten so, als sei nichts geschehen, und die drei Mädchen sprachen nie wieder miteinander über diesen Vorfall, aus Angst und Scham. Das Mädchen duschte und ging dann hinaus in den Wald, der hinter dem Haus begann, sie musste sich bewegen und lief einfach immer weiter. Auf einmal stand sie auf einer Lichtung und sah hinunter ins Tal, dabei summte sie ein Stück von Felix Mendelssohn Bartholdy. Sie war keiner Religion zugetan, aber dieses Lied mit einem Text aus der Bibel sprach sie gerade in diesem Moment an:

»Hebe deine Augen auf zu den Bergen, von welchen dir Hilfe, dir Hilfe kommt.

Deine Hilfe kommt vom Herrn, der Himmel und Erde gemacht hat.

Er wird deinen Fuß nicht gleiten lassen; und der dich behütet, schläft nicht, der dich behütet, schläft nicht, der schläft nicht. Hebe deine Augen auf zu den Bergen, von welchen dir Hilfe, dir Hilfe kommt, den Bergen, von welchen dir Hilfe kommt.«

Als der Chor sich am frühen Abend vor dem Bus versammelte, um zu einem Konzert zu fahren, nahm der Chorleiter das Mädchen zur Seite.

»Hör mal, das war doch gar nicht so schlimm, das musst du niemandem erzählen«, sagte er zu ihr.

In diesem Augenblick passierte etwas mit dem Mädchen, sie entwickelte eine Art innere Stärke und Kraft, die ihr in ihrem weiteren Leben dabei half, noch einige Schicksalsschläge zu verkraften und niemals ihren Lebensmut und Optimismus zu verlieren. Sie schaute den Chorleiter an und sagte dann ganz langsam und leise:

»Sollten Sie das noch ein einziges Mal versuchen, werden Sie Ihren Job verlieren und sind gesellschaftlich erledigt. Das ist ein Versprechen.«

Der Chorleiter wich einen Schritt zurück und wurde blass, er ahnte instinktiv, dass das ihr Ernst war. Er hat das Mädchen nie wieder bedrängt. Sie erzählte ihren Eltern nichts von dem Vorfall, die Reisen waren für sie die einzige Möglichkeit, manchmal von zu Hause herauszukommen, und sie war darüber hinaus lange Zeit von einer Scham besetzt. War sie womöglich schuld an der Sache gewesen? Später dachte sie häufiger darüber nach, ob auch andere Mädchen aus dem Chor so etwas durchmachen mussten, und sie hoffte sehr, dass dem nicht so war. Die Freude am Gesang hatte tiefe Risse bekommen, sie blieb weiter Mitglied im Wettbewerbschor, auch wenn sie nun häufiger nicht zu den Chorproben erschien. Der Chorleiter sagte keinen Ton dazu, er kannte die Ursache und ließ sie in Ruhe.

V

Der 18. Geburtstag hielt zwei ganz besondere Überraschungen für das Mädchen bereit. Wenige Tage nach dem Geburtstag teilten die Eltern ihr beim Abendessen mit, dass sie noch einen Bruder habe und sie sei nun alt genug, um dies zu erfahren. Vater Karl war schon einmal verheiratet gewesen und aus dieser kurzen Ehe war Bernd, ihr Halbbruder, hervorgegangen. Mutter Sigrid war anscheinend strikt dagegen gewesen, dass Bernd in der neuen Familie von Karl irgendeine Rolle spielte. Das Mädchen war erschüttert und fragte sich viele Jahre, wie ein Vater zum einen seinen Sohn so im Stich lassen und wie man zum anderen einen Menschen einfach verschweigen konnte. Sosehr sie sich auch bemühte, sie konnte dafür kein Verständnis aufbringen, für sie fühlte sich das an, als sei ein Mensch lebendig begraben worden.

»Dein Bruder ist körperlich und geistig behindert, sei froh, dass du ihn nicht kennst«, antwortete Sigrid auf die vielen empörten Nachfragen des Mädchens.

Sosehr sie es auch versuchte, es waren keine näheren Informationen über ihren Bruder Bernd und seine Mutter, bei der er aufgrund seiner Behinderung immer noch lebte, zu bekommen. Sigrid beschwerte sich darüber, dass Karl jeden Monat Unterhalt für seinen Sohn zahlen musste, obwohl der Junge doch schon weit über 30 Jahre alt sei.

Wenige Wochen nach dieser Neuigkeit wartete die nächste Überraschung auf das Mädchen, bei einer MRT-

Untersuchung wurde in ihrem Kopf ein Tumor gefunden. Sie hatte seit einiger Zeit vermehrt Kopfschmerzen und Sehstörungen gehabt und nun war man der Ursache auf die Spur gekommen. Der Tumor war nicht bösartig, saß aber direkt hinter dem Sehnerv und damit an einer extrem ungünstigen Stelle. Sie war alleine zu der Untersuchung ins Krankenhaus gegangen und als sie nach Hause kam, saß Sigrid in der Küche auf der alten Küchenbank und sah sie mit großen Augen an.

»Sie haben einen Tumor gefunden, daher meine Sehstörungen und Kopfschmerzen. Sie werden jetzt versuchen, mit Medikamenten das Wachstum des Zellklumpens einzugrenzen beziehungsweise zu stoppen. Ich werde wohl lernen müssen, damit zu leben, eine Operation wird nicht empfohlen.«

»Das habe ich nicht gewollt«, antwortete die Mutter tonlos.

Was meinte sie mit diesem Satz, bezog sie sich auf die eingeschlagene Schädeldecke? Auf diese Fragen gab ihr die Mutter keine Antworten. Die medikamentöse Therapie schlug gut an und der Tumor konnte eingetrocknet werden. Niemand konnte ihr sagen, ob er irgendwann wieder anfangen würde zu wachsen, sie musste in den nächsten Jahren regelmäßig zu Kontrolluntersuchungen und nannte dies immer ihren jährlichen Schädel-TÜV-Termin.

Wenige Monate später wurde bei Sigrid auf der Seite der amputierten Brust ein Knoten an der Narbe festgestellt.

Es folgte erneut ein Krankenhausaufenthalt mit anschlie-ßender Strahlentherapie. Sigrid baute psychisch immer weiter ab und das Mädchen beschloss, nicht zum Studium nach Wien zu gehen, sie hatte ein schlechtes Gewissen, die Mutter alleine zu Hause zu lassen. Die Eltern waren von dem Gedanken, dass sie Jura studieren wollte, ohne-hin nicht begeistert gewesen und schlugen ihr vor, doch besser eine Ausbildung zu machen.

Vielleicht war das gar keine schlechte Idee, doch welche Ausbildung konnte sie interessieren? Bei der Vorstellung, für zwei oder drei Jahre in irgendeiner Bank oder Versiche-rung zu sitzen, drehte sich ihr der Magen um. Sie dachte kurz über eine Ausbildung als Köchin nach, verwarf die-sen Gedanken dann jedoch wieder. Sie konnte sich zwar gut vorstellen, ein kleines Bed & Breakfast irgendwo am Meer zu führen, zweimal in der Woche für ihre Gäste abends zu kochen und nebenher Bücher zu schreiben, war sich aber unsicher, ob das wirklich zukunftsträchtig war. Es blieb jedoch ihr lebenslanger Traum, genau so zu leben. Es sollte noch viele Jahre dauern, bis sie zumindest den Traum vom Bücherschreiben in einem kleinen Apartment in Paris und am Meer umsetzte. Auch ein Gesangsstudium kam ihr kurz in den Sinn, doch neben der Tatsache, dass ihr die Freude am Gesang seit dem Vorfall mit dem Chor-leiter etwas vergangen war, betrachtete sie kritisch ihre anschließenden Chancen als professionelle Sängerin. Sie kam zu dem Ergebnis, dass es für eine Altstimme, die sie mittlerweile war, nur wenig Chancen gab und sie nicht gut genug war, und dachte nicht weiter darüber nach.

Nachdem sie einige Wochen hin und her überlegt hatte und zu keinem Ergebnis gekommen war, las sie eines

Tages in einer Bonner Tageszeitung, dass Helmut Kohl beschlossen hatte, nun auch Auszubildende für den Verwaltungsdienst im Bundeskanzleramt aufzunehmen. Es sollten zwei Ausbildungsplätze zur Verfügung gestellt werden, damit wollte man ein Zeichen für andere Unternehmen setzen, mehr Ausbildungsplätze zur Verfügung zu stellen, da in den 80er Jahren ein großer Mangel an Ausbildungsangeboten für Schulabgänger herrschte. Sie setzte sich an ihren Schreibtisch und schrieb eine Bewerbung an das Bundeskanzleramt in Bonn. Sie erzählte den Eltern von ihrer Bewerbung, Vater Karl zuckte nur mit den Schultern und Mutter Sigrid meinte:

»Die werden gerade auf dich gewartet haben, schreib mal besser auch andere Bewerbungen.«

Das Mädchen schrieb keine weiteren Bewerbungen. Zuerst hörte sie eine Weile nichts, doch dann erhielt sie eines Tages eine Einladung ins Bundeskanzleramt zu einem Auswahlverfahren. Einige Wochen später machte sie sich mit der Straßenbahn auf den Weg nach Bonn. Sie hatte nicht wie einige Jahre zuvor ein junger Mann am Zaun gerüttelt und »ich will hier rein« gerufen, sondern sich einfach an der Eingangspforte bei den Bundesgrenzschutz-Beamten gemeldet, ihre Einladung zum Auswahlverfahren vorgezeigt und ihren Personalausweis abgegeben. Nachdem alles überprüft worden war, bekam sie einen Besucherausweis für den Tag und wurde von einem der Beamten durch den Vorpark in das Foyer des Kanzleramtes gebracht. Auf dem Weg sah sie zum ersten Mal die Bronzeskulptur »Two Large Forms« des Bildhauers Henry

Moore, ein Kunstwerk, das sich seit dem Jahr 1979 vor dem Bundeskanzleramt befand und in ihren Augen nicht zu den schönsten Kunstwerken zählte, aber Geschmäcker sind ja Gott sei Dank verschieden. Im Foyer warteten bereits einige andere Mitstreiter und irgendwann kam ein weiterer Herr und führte alle Bewerberinnen und Bewerber in einen großen Konferenzsaal.

Nachdem in einem schriftlichen Test sehr viele in ihren Augen komische Fragen wie zum Beispiel »Was war das bisher größte Abenteuer, das Sie erlebt haben« gestellt wurden, hieß es im Foyer wieder abwarten, ob man es in die nächste Runde – der persönlichen Vorstellung vor der Auswahlkommission – geschafft hatte. Für die meisten jungen Damen und Herren war nach dem Mittagessen Feierabend. Am Ende blieben sechs Bewerberinnen und Bewerber übrig und wurden nacheinander in einen anderen Konferenzsaal gerufen, das Mädchen kam als Letztes dran.

Die fünf Herren musterten die Bewerberin ausgiebig und machten einen etwas gediegenen, bürokratischen Eindruck. Nachdem sie ihre Personalien abgefragt hatten, wollten sie wissen, warum sie denn die Richtige für eine Ausbildung im Bundeskanzleramt sei und was sie alles lernen wollte. Woher sollte sie DAS denn wissen, sie war noch nie in einer Regierungszentrale gewesen und ihr politisches Interesse hielt sich bis dahin in überschaubaren Grenzen. Sie fand es einfach spannend, dass der Bundeskanzler gesagt hatte, er werde sich auch persönlich um die Ausbildung kümmern, und sie war neugierig gewesen, was man von einem Bundeskanzler alles so lernen konnte. Deshalb hatte sie eine Bewerbung geschrieben.

Das Mädchen fand, dass an diesem Ort eine Menge merkwürdige Fragen gestellt wurden, sie sollte bald feststellen, dass im Bundeskanzleramt nicht nur merkwürdige Fragen, sondern auch ebensolche Antworten völlig normal waren. Sie hatte bereits früh gelernt, dass sie Fragen, auf die sie keine für sich selbst zufriedenstellende intelligente Antwort parat hatte, einfach überhörte, und antwortete mit einer Gegenfrage:

»Was erwartet mich denn hier alles und wie sehen die Ausbildungsinhalte aus? Könnten Sie mir das vielleicht ein wenig erklären?«

Die Auswahlkommission schaute sich ratlos an. Sie hatten absolut keine Ahnung. Seit Helmut Kohls Beschluss war alles so schnell gegangen, dass die Inhalte und Ausbildungspläne noch in Bearbeitung waren. Am Ende des Tages waren die Herren und die junge Frau davon überzeugt, dass sie in ihrer Ahnungslosigkeit glänzend zusammenpassten, und sie beschlossen, es miteinander zu versuchen. Sie erhielt, vorbehaltlich der amtsärztlichen Untersuchung und einer strengen Sicherheitsüberprüfung durch den Verfassungsschutz, einen der beiden Ausbildungsplätze und einen Vertrag über drei Jahre. Sie überstand die Untersuchung trotz ihrer Vorerkrankungen, der Verfassungsschutz hatte keine Bedenken und einige Monate später ging es im September los.

VI

Obwohl die Situation zu Hause mit den Eltern immer schwieriger wurde, hatte sie das Abitur ohne größere Schwierigkeiten bestanden, es war kein tolles Ergebnis, aber in Anbetracht der Umstände war sie froh, es geschafft zu haben. Die Zeit bis zum Beginn der Ausbildung jobbte sie in einer Eisdiele und da nach kurzer Zeit die Filialleitung krank wurde, arbeitete sie bald täglich dort. Manchmal kam Mutter Sigrid sie besuchen, um zu kontrollieren, ob die Filiale auch in einem ordentlichen und sauberen Zustand war, damit die Leute in der Kleinstadt nicht schlecht über sie reden konnten. Als einmal zwei Tage lang eine – durch die Hitze des Waffelbackautomaten leider dahingeschiedene – Fliege im Schaufenster des Eisladens lag, war das ein Stadtgespräch in der kleinen Stadt. Besonders der Klatsch und Tratsch erfahrene Dorffriseur direkt nebenan heizte solche Gespräche gerne an, er schien nicht viel zu tun zu haben.

Das Mädchen war gespannt auf die Jahre im Bundeskanzleramt, auch wenn sie dem Jurastudium in Wien ein wenig nachtrauerte. Aber aufgeschoben war nicht aufgehoben, sie hatte sich vorgenommen, nach der Ausbildung mit dem Studium zu beginnen und den größten Teil der Ausbildungsvergütung für eine eigene kleine Wohnung zu sparen. Sie hatte sich bereits einen beachtlichen Geldbetrag über die vergangenen Jahre erarbeitet und einen Teil davon investierte sie nun in einen roten, gebrauchten Ford Fiesta mit goldenen Seitenstreifen, das erste eigene Auto, sie war im Himmel. Den Führerschein hatte sie bereits einige Monate zuvor bestanden. Für sie war das ein Gefühl von Freiheit, einfach in ihr eigenes Auto steigen zu können und loszufahren, sie war ein Leben mit einem Auto vor der Tür ja nie gewohnt gewesen.

Die ersten Tage im Bundeskanzleramt war sie damit beschäftigt, ihren Dienstausweis zu beantragen und sich in ihrem neuen kleinen Büro einzurichten, das sie sich mit ihrer Ausbildungskollegin teilte. Dunkelbraune Holzwände, Holzschränke, hellgraue Lamellenvorhänge, alles wirkte bürokratisch, praktisch und schlicht. Das viele Holz gab den Büros – die alle gleich aussahen – jedoch den Hauch eines edlen Ambientes, schließlich saß man in der Regierungszentrale. Sie erhielt eine Menge Belehrungen darüber, dass sie mit niemandem über irgendetwas, das sie hörte, sah oder sonst wie mitbekam, sprechen durfte. Alles unterlag einer strikten Geheimhaltung. Die Zeiten waren unruhig damals. Am 20. September 1988 scheiterte in Bonn ein Anschlag auf Finanzstaatssekretär Hans Tietmeyer und gut ein Jahr später wurde Deutsche-Bank-Vorstandssprecher Alfred Herrhausen ermordet. Und so wurde es zur Normalität für sie, dass ihr Auto jeden Morgen vor der Einfahrt in das Bundeskanzleramt auf Sprengstoff untersucht wurde, die Beamten spiegelten bei jedem einfahrenden Fahrzeug den Unterboden, stichprobenartig durchsuchten sie auch den Kofferraum oder öffneten die Motorhaube. Manchmal entstanden dabei kleine Plaudereien, sie nahm diese Dinge mit Gelassenheit hin. Es gab jedoch auch Kollegen, die nicht so entspannt mit möglichen Anschlägen umgehen konnten, wie sie das tat, einige untersuchten ihre Autos bereits zu Hause gründlich selbst, bevor sie den Motor anließen. Sie selbst vertraute bereits damals in der ihr eigenen Zuversicht stets darauf, dass schon alles gut gehen würde.

Wenige Wochen nachdem sie ihre Ausbildung begonnen hatte, sagte ihr Ausbildungsleiter eines Tages zu ihr, dass er zu einem Geburtstagskaffee eingeladen sei und sie solle ihn begleiten. Sie machten sich auf den Weg in Richtung Kanzlerbau. Sie selbst hatte keine Scheckkartenfreigabe für die Türen im Kanzlerbau, wenn sie später dort zu tun hatte, erhielt sie immer die Karte ihres Ausbildungsleiters. Nachdem sie auf endlosen Fluren entlang und durch verschiedene Sicherheitstüren hindurchgegangen waren, öffnete der Ausbildungsleiter auf einmal eine Bürotür und vor ihr stand Bundeskanzler Dr. Helmut Kohl.

Um ihn herum sprangen Dr. Eduard Ackermann, dessen Sekretärin Frau Schneeberger (von Ackermann liebevoll »Schneechen« genannt), Horst Teltschik (damals Leiter der Abteilung »Auswärtige und innerdeutsche Beziehungen«), Juliane Weber (leitete das persönliche Büro von Helmut Kohl), Dr. Walter Neuer (Leiter des Kanzlerbüros) und einige andere aus der Regierungsmannschaft. Eduard Ackermann feierte seinen 60. Geburtstag und es war eine muntere Truppe, die um ihn versammelt war.

Sie traf den Bundeskanzler zum ersten Mal persönlich, ließ sich ihre Überraschung nicht anmerken und trompetete ein fröhliches »Guten Tag, Herr Bundeskanzler« heraus. Helmut Kohl reichte ihr die Hand und begrüßte sie sehr freundlich. Der Bundeskanzler erklärte der Partyrunde, dass das Bundeskanzleramt ja nun auch in der Verwaltung ausbilden würde, die Runde nickte begeistert und alle hießen die junge Frau herzlich willkommen.

Dann saßen sie auf großen Sofas um das Geburtstagskind herum, sangen fröhliche Lieder und aßen fette Sahnetorte. Wo war sie da nur gelandet? Sie sah sich in aller Ruhe im Büro von Dr. Ackermann um und dachte sich, dass das alles ein bisschen surreal war, als 19-jährige junge Frau auf einmal mit der halben Regierung beim Kaffeekränzchen zu sitzen. Eduard Ackermann und Helmut Kohl gingen sehr vertraut miteinander um. Die beiden verband viel mehr als die berufliche Zusammenarbeit. Carbonara, wie Kohl Ackermann immer nannte (aufgrund dessen Begeisterung für Spaghetti Carbonara), war sein Blitzableiter und der Mann mit einem untrüglichen Gespür für das, was kommen könnte. Ackermann war »Abteilungsleiter für gesellschaftliche und politische Analysen, Kommunikation und Öffentlichkeitsarbeit«. Er war die Schnittstelle zu den wichtigen nationalen und internationalen Journalisten und kannte, wie er selbst einmal sagte, »Krethi und Plethi«. Kohl vertraute ihm, und Carbonara behandelte dieses ihm entgegengebrachte Vertrauen mit Würde und Respekt. Er war ein Mann mit einem besonderen Humor und ohne die Hilfe seines »Schneechens« war er aufgeschmissen, eine schwere Augenkrankheit hatte fast zu seiner Erblindung geführt.

Am Abend erzählte sie den Eltern, dass sie mit dem Bundeskanzler und der halben Regierungsmannschaft bei Kaffee und Kuchen zusammengesessen und viele interessante Geschichten gehört habe.

»Erzähl nicht so einen Unsinn, nachher glauben die Leute das noch«, sagte Vater Karl und wandte sich wieder der Fußballübertragung im Fernsehen zu.

Das neue Berufsleben seiner Tochter war für ihn so unvorstellbar, dass er ihr einfach nicht glaubte. Sie erzählte von da an kaum noch von ihren zum Teil abenteuerlichen Erlebnissen im Bundeskanzleramt und die Eltern fragten sie auch nicht danach.

Dadurch, dass die Ausbildung im Verwaltungsbereich der Regierungszentrale niemals vorgesehen war, taten sich die Ausbilder schwer damit, einen wirklichen Ausbildungsplan aufzustellen und zu verfolgen.

»Was interessiert Sie denn, was würden Sie denn gerne alles lernen?«, fragte sie der zuständige Ausbildungsbeamte des Inneren Dienstes eines Tages.

»Mich interessiert alles, ich möchte so viel wie möglich sehen und lernen«, sagte die junge Frau.

»Gut, dann machen wir das einfach so«, sagte der Beamte.

Man kann wirklich sagen, dass es nach den drei Jahren Ausbildung keinen Winkel im Bundeskanzleramt gab, den sie nicht kannte, man ließ sie vom Keller (der mit Teilen der Tiefgarage im Notfall als Bunker genutzt werden konnte) bis zur Dachkammer hinter fast alle Kulissen blicken. Sie lernte, wie ein Kabinettstisch einzudecken ist, was der Unterschied zwischen der »großen« und »kleinen« Lage war (und welche Personen an welcher teilnahmen) und half bei Engpässen mit im Lagezentrum aus, dort wird an 365 Tagen im Jahr und 24 Stunden am Tag das komplette Weltgeschehen überwacht. Sie ackerte sich durch Regierungsentwürfe des Bundeshaushaltsplans, wurde im Petitionsreferat zur Beantwortung der Bürgerbriefe mit eingesetzt und tat ebenso Dienst in der Telefonzentrale, um sich dort die Sorgen der Bürgerinnen und Bürger anzuhören. Sie lernte, welche Journalisten zu den Pressedelegationen gehörten und somit mit dem Kanzler auf Reisen gingen und wie Memos als Vorabinformationen zu diesen Pressereisen auszusehen hatten. Regelmäßig mussten Akten vom Inneren Dienst zurück ins Kanzlerbüro gebracht werden und manchmal traf sie bei diesen Botengängen auf den Bundeskanzler. Er erkundigte sich immer nach dem Stand der Ausbildung, sein Standardrat lautete:

»Mädchen, sehen Sie zu, dass Sie einen guten Abschluss machen, das ist wichtig im Leben.«

Zwischen ihm und seiner Büroleiterin Juliane Weber konnte es temperamentvoll zugehen, Frau Weber sammelte Porzellanelefanten auf ihrem Schreibtisch, die auch als Wurfgeschoss dienen konnten. Wer zu Kohl wollte, musste an Juliane Weber vorbei, ein Glück für diejenigen, denen sie wohlgesonnen war.

Manchmal übernahm die Auszubildende den Telefondienst im Inneren Dienst und da konnte es vorkommen, dass man auf einmal Hannelore Kohl am Telefonhörer hatte.

»Ah, grüß Gott, ich hoffe, es geht Ihnen gut. Bitte seien Sie so lieb und sagen Sie Ihrem Chef, dass die Toilette im Kanzlerbungalow leider wieder defekt ist, es muss bitte jemand nachschauen kommen.«

Die junge Frau mochte Hannelore Kohl sehr, sie war eine sehr freundliche und warmherzige Frau, immer mit einem Lächeln auf den Lippen. Manchmal, wenn Frau Kohl bei einem Empfang anwesend war, beobachtete die Auszubildende die Kanzlergattin und fragte sich, ob sie in ihrem Inneren wirklich so fröhlich war, wie es im Außen wirkte.

Der Leiter des Inneren Dienstes erkannte das organisatorische Talent der Auszubildenden und so wurde sie in die Organisation diverser Kanzlerfeste und anderer Veranstaltungen mit eingebunden. Sie war unter anderem für die Betreuung der prominenten Gäste zuständig. Es wurde für die Auszubildende bald normal, fast wöchentlich mit prominenten Politikern, Staatspräsidenten und Königen dieser Welt mal mehr oder weniger zu tun zu haben. Sie hörte vielen Geschichten und Unterhaltungen zu und fing an, für sich selbst Dinge zu hinterfragen und sich mit nationaler und internationaler Politik zu beschäftigen. Sie las unter anderem Bob Woodwards Bücher »Die Watergate-Affäre« und »Reagan und die geheimen Kriege der CIA«. Obwohl sie noch sehr jung war, dämmerte ihr mehr und mehr, dass es in der Politik weniger um das Wohl der Gesellschaft, sondern mehr um Macht, Geld und Profilierung geht, unabhängig von einem Land oder einer Regierung.

Irgendwann wurden die Räumlichkeiten im Bundeskanzleramt durch die stetig wachsende Zahl der Mitarbeiter so eng, dass man sie eines Tages bat, in ein anderes Büro zu ziehen.

»Also, wissen Sie, das ist jetzt ein bisschen pikant«, sagte der Ausbildungsleiter zu ihr.

Es fiel ihm sichtlich schwer, doch dann rückte er mit der Sprache heraus.

»Könnten Sie sich vorstellen, Ihr Büro oben in der Asservatenkammer einzurichten?«

»Sind Sie verrückt? Ich soll da oben zwischen diesen ganzen einkassierten Staatsgeschenken hocken?«

»Ich weiß, es ist nicht wirklich angemessen, aber sehen Sie es so, dafür haben Sie ein Büro in der Größe eines Ballsaals und bestimmt ist es das außergewöhnlichste Büro in Deutschland, das werden Sie sicherlich niemals vergessen.«

Das konnte man wohl sagen. Sie wollte einfach nicht glauben, dass das sein Ernst war, doch so war es. In der Asservatenkammer lagerte ein Großteil der Geschenke, die andere Staaten der Regierung beziehungsweise Helmut Kohl gemacht hatten, kostbares Porzellan, Kunstwerke, Waffen und vieles mehr. Eines der auffälligsten Stücke war ein goldener, mit Schmuck verzierter Sattel, den sie jeden Morgen als Erstes begrüßte. Sie fragte sich öfter, was wohl der ein oder andere sagen würde, wenn die Schenker öffentlich genannt würden. Doch darüber wurde nach außen natürlich eisern geschwiegen, wie über vieles andere auch.

Von all diesen Geschichten erzählte sie ihren Eltern nichts, sie hätten ihr sowieso nicht geglaubt, die junge Frau lebte mittlerweile in einer völlig anderen Welt. Wenige Monate vor dem Ende der Ausbildung baute Sigrid immer mehr ab. Es waren Metastasen im Unterleib und an der Wirbelsäule entdeckt worden und eine Operation hatte keinen Sinn mehr. Das Bauchfell konnte das Wasser nicht mehr absorbieren und so schwoll der Bauch immer mehr an, voll mit Bauchwasser. Es wurde mehrere Male punktiert und dabei wurden Chemotherapeutika in den Bauchbereich eingeleitet, man hoffte dadurch, das Wachstum der Krebszellen zu verlangsamen. Die Mutter wurde mehr und mehr zu einem Pflegefall und bat die Tochter inständig darum, zu Hause sterben zu können. Sie wollte nicht in einem Krankenhaus sterben und Hospize waren zur damaligen Zeit noch nicht sehr ausgebaut.

Die Auszubildende stand vor der Herkulesaufgabe, den Endspurt der Ausbildung in Angriff zu nehmen und gleichzeitig zu Hause die Mutter mehr und mehr zu pflegen und auch anwesend zu sein. Sie sprach mit ihrem Ausbildungsleiter und legte ihm die Sachlage offen, er zeigte großes Verständnis. An Tagen, an denen es der Mutter einfach zu schlecht ging, nahm sie unkompliziert Urlaub und kümmerte sich um Sigrid. Sie lernte von dem alten Hausarzt, der täglich morgens und abends nach der Mutter sah, wie man Morphium spritzt und Infusionen an- und ablegt. Wenn sie später an diese Zeit dachte, dann fragte sie sich, wie sie das eigentlich alles geschafft hatte, sie funktionierte wie in einer Art Trance über Monate hinweg wie ein Uhrwerk. Sie beendete die Ausbildung als Jahrgangsbeste der Berufsschule mit einem Notendurchschnitt von 1,0, der Bundeskanzler gratulierte ihr zu diesem geglückten Abschluss.

Für die junge Frau war damit die Zeit im Bundeskanzleramt beendet, obwohl man mehrere intensive Gespräche mit ihr geführt hatte, um sie zum Bleiben zu bewegen. Sie war im Hinblick auf das Geschäft mit der Politik so ziemlich aller Illusionen beraubt worden und hatte das Gefühl, weiterziehen zu müssen. Das konnte nicht ihr Ort sein. Sie schrieb sich für ein Jurastudium ein, wählte jedoch Bonn und nicht Wien für den Anfang.

So wie ihr Leben ein einziger Kampf und Verzweiflung gewesen war, so war es der Tod von Sigrid auch. Sie lag die letzten Wochen im Dämmerschlaf, mittlerweile bekam sie alle zwei Stunden Morphiumspritzen von ihrer Tochter und der Hausarzt meinte, es gehe nun dem Ende zu. Die Pflege der Mutter war ein 24-Stunden-Job, manchmal nickte die junge Frau am Küchentisch während einer Kaffeepause einfach ein. Der letzte Tag kam, ein grauer Sonntag, und der Todeskampf am Abend war verbunden mit einem Magendurchbruch. Das ganze Bett und die Mutter selbst waren voller Blut und Auswurf, es sah entsetzlich aus. Die Tochter hielt den Arm der Mutter, als diese sich wieder und wieder aufbäumte, um neues Blut zu spucken und zu schreien, Vater Karl stand derweil regungslos in der Zimmerecke.

Dann war es auf einmal still, die Mutter hatte es mit 53 Jahren geschafft und war hoffentlich an einen für sie besseren Ort gegangen. Der Vater half ihr, Sigrid zu waschen und neu einzukleiden sowie das Bett zu reinigen und neu zu überziehen. Dann informierte sie den Arzt.

»Ich komme gleich vorbei«, sagte er und kaum eine halbe Stunde später traf er ein.

Er bestätigte den Tod der Mutter und bestellte für den nächsten Morgen einen Leichenwagen.

»Du hast für ein noch so junges Mädchen in den letzten acht Jahren fast Unmenschliches geleistet, ich verneige mich vor dir. Bitte pass gut auf dich auf und versuche, dich zu erholen«, sagte der alte Arzt und sah sie lange an.

Nachdem er gegangen war, ging sie ins Wohnzimmer und setzte sich in den Sessel, in dem die Mutter immer gesessen hatte. Kann man Stille hören? Sie dachte daran, dass durch die Mutter der Tod, Krankenhäuser, Operationen und Therapien in den letzten acht Jahren ihre ständigen Begleiter gewesen waren. An ihre eigenen Erkrankungen dachte sie dabei nicht, so wie sie viele Jahrzehnte nie an sich selbst dachte oder für sich sorgte, sie war es gewohnt, ausschließlich für andere zu sorgen. Was bleibt von einem Menschen nach dem Tod? Diese Frage stellte sie sich, als Sigrid am nächsten Morgen erst in eine Art Plastiksack und dann in eine Trage gelegt wurde.

Wenige Tage nach dem Tod der Mutter trat sie aus dem Chor aus, stopfte die Chorkleidung in ein Paket und schickte sie per Post zurück. Es sollten fast 30 Jahre vergehen, bis sie wieder auf einer Bühne stehen würde, und zwar an einem regnerischen Novemberabend in Paris.

VII

Sie blieb noch ein paar Monate zu Hause wohnen und zeigte Vater Karl, wie der Haushalt funktionierte. Dann zog sie aus und richtete sich eine kleine Wohnung in der Nähe des Juridicums in Bonn ein, sie hatte genügend Geld gespart, um sich das leisten zu können. Das Studium der Rechtswissenschaften stellte in den ersten Semestern keine große Herausforderung für sie dar, aufgrund der Verwaltungsausbildung hatte sie in vielen Bereichen einen gewissen Vorsprung.

»Schauen Sie zu Ihrem Sitznachbarn nach links, dann zu Ihrem Sitznachbarn nach rechts und prägen Sie sich diese Herrschaften gut ein, denn Sie werden sie im Examen nicht wiedersehen«, hatte Professor Ossenbühl bei seiner Antrittsvorlesung gesagt.

Und so war es auch, die Auslese war recht erbarmungslos.

So ganz ließ das Bundeskanzleramt sie noch nicht ziehen, ein ehemaliger Kollege hatte sie für einen Studentenjob im Abgeordnetenbüro eines Bundesministers empfohlen, den sie auch annahm. So lernte sie auch noch die Abläufe im Bundestag genauer kennen, aber sie ging der Tätigkeit ohne Begeisterung nach, es blieb für sie lediglich eine Möglichkeit, sich das Studium zu finanzieren. Irgendwann deutete ihr jemand an, dass sie doch aufgrund ihrer Ausbildung und Tätigkeit im Bundeskanzleramt und durch das Studium möglicherweise für besondere Aufgaben besonderer Dienste bestens geeignet wäre, aber sie lehnte dankend ab. Sie war in der Schule in vier Sprachen unterrichtet worden, hatte jung angefangen, ins Ausland zu reisen, und sehr früh lernen müssen, selbstständig zu sein. Dazu funktionierte sie unter größtem Druck einwandfrei, war eine unabhängige Persönlichkeit und in der Regierungszentrale ausgebildet worden, ihr war klar, für wen das interessant war. Sie kündigte den Job im Bundestag und nahm eine Halbtagsstelle bei einer Stadtverwaltung im Beitrags- und Erschließungswesen an.

Wieder hatte sie sich eine große Arbeitslast aufgeladen, eine solche Tätigkeit neben dem Jurastudium war ein strammes Programm, aber sie war es irgendwie nicht anders gewohnt. Damals erschien es ihr noch normal, dass sie so gut wie nicht abschalten konnte, und meinte, immer bestens funktionieren und etwas leisten zu müssen. Urlaube gönnte sie sich so gut wie keine, doch eines Tages wollte sie mit einem Kommilitonen einige Tage nach Frankreich fahren. Da sie für ihren alten Ford Fiesta in der Innenstadt keinen eigenen Parkplatz hatte, wollte sie ihr Auto nicht zehn Tage unbeobachtet an einer viel befahrenen Straße stehen lassen. Sie brachte den Wagen zu ihrem Vater und parkte ihn vor der Haustür. Den Schlüssel ließ sie bei ihm zurück, für Notfälle, falls der Wagen umgesetzt werden musste. Sie wollte am nächsten Morgen gerade die Wohnung verlassen und mit dem Zug in Richtung Flughafen fahren, als das Telefon klingelte. Sie ahnte, was passiert war.

»Tochter, ich habe Mist gebaut«, sagte Vater Karl mit leiser Stimme.

Ihr Auto war Schrott, Karl war am Vorabend mit 3,5 Promille verkehrt herum auf eine Autobahn gefahren und hatte dabei eine junge Frau gerammt, die gerade von der Autobahn abfahren wollte. Gott sei Dank war nichts Schlimmes passiert, die junge Frau konnte das Krankenhaus nach einer Untersuchung wieder verlassen. Die Polizisten nahmen Karl mit und ließen ihn über Nacht in einer Ausnüchterungszelle, er randalierte erst ein wenig, doch am Ende war er wieder friedlich und durfte gehen. Die Studentin machte sich lange Zeit große Vorwürfe, dass sie den Autoschlüssel nicht mitgenommen hatte, doch das hatte sie irgendwie nicht kommen sehen. Der Vater verlor seinen Führerschein (den er als junger Mann gemacht hatte), es gab einen Strafbefehl und der Vorgang war irgendwann abgeschlossen.

»Tochter, kannst du mir helfen, meinen Führerschein wieder zu bekommen?«, fragte sie der Vater zwei Jahre später.

»Nur über meine Leiche«, antwortete die Jurastudentin und der Vater bekam seinen Führerschein nie mehr wieder, was er ihr für den Rest seines Lebens nicht verziehen hat.

Später, als sie ihre Lebensgeschichte aufarbeitete, dachte sie darüber nach, wie häufig sie versucht hatte, den Vater vom Alkohol wegzubekommen. Sie hatte gebettelt, geschrien, getobt und alles Mögliche versucht, es half alles nichts, Karl war zu keiner Entziehungskur zu bewegen und trank immer weiter. Erst sehr spät in ihrem Leben hat sie verstanden, dass es nicht ihre Aufgabe war, ihre

Eltern vor irgendetwas zu retten. In einem langen Prozess sollte sie viele Jahre später lernen, sich selbst zu retten und nachsichtig und liebevoll mit sich und ihrem Leben umzugehen.

Sie hatte bereits kurz nach dem Tod der Mutter versucht, Kontakt zu ihrem Bruder Bernd aufzunehmen, aber dessen Mutter hatte eine ganze Zeit lang ihre Kontaktversuche abgewürgt. Dann, endlich, sollte ein Treffen zwischen Bruder und Schwester stattfinden. Es gab damals noch keine Handys und somit keine endlosen Fototransfers, sie konnte sich den – wie er ihr beschrieben wurde – großen und sehr kräftigen Mann mit dem hinkenden Bein daher nur in ihrer Fantasie vorstellen.

Alles im Leben hat seinen Sinn, davon war sie seit ihrer Kindheit überzeugt, doch manchmal haderte sie mit dem Schicksal und fragte sich, wie viele Prüfungen einem Menschen in seinem Leben auferlegt werden. Kurz vor dem geplanten Treffen erlitt ihr Bruder Bernd einen Herzinfarkt und war auf der Stelle tot.

Bruder und Schwester haben sich nie kennengelernt.

In Bonn hatte sie sich unterdessen eingelebt und kam mit dem Studium gut voran. Ihre Studienschwerpunkte waren Strafrecht und Kriminologie, außer Familienrecht konnte der Rest nur schwer ihr Interesse wecken. Kurzzeitig überlegte sie, sich als Scheidungsanwältin auf »große Verfahren« zu spezialisieren, aber die Vorstellung, ihr Leben lang nur von Streithälsen umgeben zu sein, die ums Geld feilschen, brachte sie schnell wieder davon ab. Strafrecht und Kriminalpsychologie sowie generell das

Studium der menschlichen Psyche blieben ihre Leidenschaft ein Leben lang.

Sie belegte spezielle Kurse in Kriminologie, die damit verbundenen Exkursionen in die Klinik Nette-Gut für Forensische Psychiatrie waren sehr lehrreich. Nette-Gut liegt in der Nähe von Andernach und ist eine der größten Einrichtungen des Maßregelvollzugs in Deutschland. Dort werden Patienten therapiert, die unter dem Einfluss von Suchtmitteln oder einer psychischen Krankheit eine Straftat verübt haben und nicht oder nur vermindert schuldfähig sind. Die Klinik hat die Aufgabe, diese Patienten, die nach dem Maßregelvollzugsgesetz untergebracht sind, zu therapieren und zu sichern.

»Machen wir uns auf zu den harten Jungs«, sagte ihr Professor für Kriminologie immer auf der Fahrt nach Andernach, »seien Sie vorsichtig und denken Sie an alle Sicherheitsvorkehrungen.«

Diese Sicherheitsvorkehrungen bestanden unter anderem darin, bei Gesprächen mit Insassen diesen niemals den Rücken zuzuwenden, sondern immer mit dem eigenen Rücken zur Wand zu stehen und den Raum im Blick zu behalten, zuzuhören und gleichzeitig die Räumlichkeit nach auffälligen Verhaltensweisen zu scannen. Dies alles waren für die Studentin sehr spannende Erfahrungen. Sie interessierte sich für die Geschichten der Insassen und wie es dazu gekommen war, dass sie nun an diesem Ort waren. Niemand kommt als Mörder oder Totschläger auf die Welt, was also hatte die Menschen zu dem gemacht, was sie geworden waren?

»Promovieren Sie zu einem Thema der Kriminologie. Könnten Sie sich einen Einsatz zum Beispiel als Profiler vorstellen? Sie interessieren sich mehr als Ihr halbes Leben für Strafrecht sowie die menschliche Psyche und Sie haben großes Talent«, sagte ihr Professor eines Tages zu ihr.

Der Gedanke war ihr in der Tat auch gekommen, aber irgendetwas in ihr hinderte sie daran, über diese Ziellinie zu springen. Sie kam mit dem Studium ganz ordentlich voran und meldete sich schließlich zum Staatsexamen an. Doch das Schicksal hatte vorher noch eine andere Prüfung vorgesehen, die sie fast ihr Leben gekostet hätte.

Die Kopfschmerzen waren dieses Mal anders und von einer plötzlichen und unvorstellbaren Intensität. Dazu kam eine Übelkeit, die sie so noch nie erlebt hatte. Sie war zu Hause und wählte instinktiv die Notrufnummer, der Notarzt kam und veranlasste sofort den Transport ins Krankenhaus. Es sah zunächst nicht gut aus. Sie hatte eine Gehirnblutung erlitten und am Ende doch sehr großes Glück gehabt, erneut kam sie um eine Operation herum und wurde mit Infusionen und Medikamenten behandelt. Es waren keine bleibenden neurologischen Ausfälle feststellbar und Ruhe sowie Erholung sollten die Dinge mit der Zeit wieder in Ordnung bringen.

»Es muss Ihnen klar sein, dass das jederzeit wieder passieren kann«, sagte der Chefarzt ihr bei der Abschlussbesprechung.

»Sie haben Gott sei Dank von Natur aus einen sehr niedrigen Blutdruck, das ist von Vorteil. Wir können schwer abschätzen, wie sich die Dinge aufgrund Ihres Tumors und der eingedrückten Schädeldecke weiter entwickeln werden. Schonen Sie sich eine Zeit lang, so gut es geht.«

Still zu liegen und einfach nichts zu tun fiel der jungen Frau sehr schwer. Sie las viel, beantragte einen neuen Prüfungstermin und bereitete sich weiter auf das juristische Staatsexamen vor.

»In Anbetracht der Tatsache, was Ihnen vor Kurzem passiert ist, haben Sie hier heute eine ordentliche Leistung erbracht. Es war nicht Ihre beste Vorstellung, aber doch akzeptabel«, bemerkte einer ihrer Prüfer, Prof. Roxin, nach der mündlichen Prüfung mit einem Lächeln.

Sie mochte seine ruhige Art, er war damit eine wohltuende Ausnahme in der Prüfungskommission. Es war ein sonniger Nachmittag und als sie nach der Prüfung vor das Oberlandesgericht trat, musste sie blinzeln, alles erschien ihr sehr hell. Die anderen Prüflinge wurden alle von ihren Familien gefeiert, Sektkorken knallten und Luftballons flogen in die Luft. Sie war die Einzige, die alleine, ohne Familienangehörige, vor dem Gebäude stand. Sie hatte es tatsächlich geschafft, sie war nun Juristin. Sie dachte über den langen und oft beschwerlichen Weg nach, der sie dorthin gebracht hatte, und freute sich einfach an diesem Moment. Sie ging zu einer Telefonzelle in der Nähe, rief Vater Karl an und berichtete vom bestandenen juristischen Staatsexamen.

»Das wurde auch mal Zeit, du hast ja schließlich lange genug studiert. Jetzt fang mal endlich an zu arbeiten«, war sein Kommentar.

Mehr gab es von seiner Seite zu dieser Neuigkeit nicht zu sagen und das Gespräch war nach einer Minute beendet.

Sie hatte sich seit geraumer Zeit Gedanken darüber gemacht, wie sie ihre berufliche Zukunft weiter gestalten wollte. Hinter der Bewerbung für ein Rechtsreferendariat stand sie nicht mit voller Überzeugung, zudem hatte man ihr mitgeteilt, dass die Wartefrist circa zwölf Monate betragen würde. Eine berufliche Tätigkeit beim Bundeskriminalamt hätte sie gereizt, sie war jedoch aufgrund ihrer diversen Erkrankungen und Verletzungen davon überzeugt, die Untersuchung auf Polizeidiensttauglichkeit im Rahmen des Eignungsauswahlverfahrens für den höheren Dienst nicht erfolgreich bestehen zu können, und sah von einer Bewerbung ab. Durch ihre Ausbildung im Bundeskanzleramt war sie früh mit Journalismus und Fernsehen in Kontakt gekommen, zudem schrieb sie sehr gerne. Warum also nicht einen Blick hinter die Kulissen der Medien und des Fernsehens werfen? Sie machte mit sich selbst eine Abmachung: Sollte sie innerhalb der zwölf Monate, die sie auf einen Referendariatsplatz warten musste, alternativ einen Job im Bereich Medien, PR oder Fernsehen bekommen, dann würde sie diesen Weg weitergehen und auf eine juristische Tätigkeit verzichten.

Mit Public Relations hatte sie sich schon geraume Zeit beschäftigt, die psychologischen Hintergründe von zum Beispiel Propaganda interessierten sie seit ihrer Zeit im Bundeskanzleramt. Sie nahm daher kurzzeitig einen PR-Volontariatsplatz in einer Agentur in Köln an, doch sowohl die Tätigkeit dort als auch der Geschäftsführer waren leider unerträglich und an Dummheit kaum zu überbieten. Der Mann schrie vornehmlich seine weiblichen Mitarbeiterinnen täglich an und beleidigte sie auf übelste Art und Weise, die meisten Beraterinnen standen kurz vor dem Nervenzusammenbruch. Aber auch die männlichen Berater bekamen ihr Fett weg, viele trauten sich nicht, vor 21 Uhr abends das Büro zu verlassen. Sie sah sich das nur wenige Monate an und beschloss, diesen Irrenladen umgehend zu verlassen. An einem sonnigen Morgen räumte sie in aller Ruhe ihren Schreibtisch auf, legte dem Geschäftsführer ihr Kündigungsschreiben in sein Postfach und ging. Sie war die erste Volontärin in der Agenturgeschichte, die von selbst kündigte, und der Geschäftsführer drohte ihr mit Klagen und übler Nachrede. Sie schickte ihm in Gedanken Licht und Liebe und hörte nie wieder etwas von ihm.

Sie sah so gut wie nie fern, die einzige Sendung beziehungsweise Show, die sie sich manchmal ansah, war die Harald-Schmidt-Show. Wie damals beim Bundeskanzleramt schrieb sie auch dieses Mal einfach eine Bewerbung und wartete ab, was passierte. Eine Woche später erhielt sie einen Anruf und wurde zu einem Vorstellungsgespräch bei Harald Schmidt eingeladen.

VIII

Die Harald-Schmidt-Show wurde zum damaligen Zeitpunkt von der Bonito GmbH, deren Inhaber Harald
Schmidt war, in Köln-Dellbrück produziert. Das Vorstellungsgespräch, zu dem die junge Frau eingeladen worden
war, dauerte circa 15 Minuten, ihr Gesprächspartner war
der Produktionschef der TV-Show. Kurz vor Ende des Ge-
sprächs gesellte sich Harald Schmidt dazu. Die Gesprächsrunde hatte nicht wirklich eine Ahnung, welche Aufgaben
die junge Juristin in der Firma übernehmen sollte, aber
man fand sich sympathisch und beschloss, es auf einen
Versuch ankommen zu lassen. Die Situation ähnelte dem
früheren Bewerbungsgespräch im Bundeskanzleramt. Die
ersten Wochen half sie dem Leiter des Filmarchivs bei der
Sichtung von Fernsehmaterial, das eventuell für Einspiel-
filme in der Show von Interesse sein konnte.

In der ersten Zeit träumte die junge Frau manchmal
nachts von der Show, dabei verwoben sich Realität und
Fiktion zu einer einzigen großen Verwirrung.

Einmal zum Beispiel, da musste sie im Traum mit dem
Hund eines großen TV-Stars zum Friseur fahren. Das war
vielleicht ein Zirkus. Sie nahm zuerst an, dass es sich bei
Hardy um den Freund der berühmten Schauspielerin
handeln würde, den sie zum Friseur begleiten sollte. Beim
Fernsehen erlebt man ja die tollsten Sachen, warum also
nicht auch das:

Eines Tages war Schauspielerin Angelika Görres zu Gast und
die neue Mitarbeiterin ging einige Stunden vor der Show in die

Showgäste-Garderobe und wollte Hardy abholen. Sie nahm an, dass es sich dabei um den Freund der Schauspielerin handelte.

»Hardy wartet vorne am Empfang«, teilte die Schauspielerin hoheitsvoll mit.

Die junge Juristin machte auf dem Absatz kehrt und bewegte sich in Richtung Einlass. Auf dem Weg dorthin fiel ihr ein, dass sie ja noch einen Wagen für die Spazierfahrt zum Friseur organisieren musste, und ging daher zuerst ins Produktionsbüro. Sie erzählte der Produktionsassistentin von dem geplanten Friseurbesuch mit Hardy. Die Produktionsassistentin schaute die neue Mitarbeiterin mit großen Augen an.

»Zurzeit sind alle Autos der Produktion unterwegs. Das dauert bestimmt zwei Stunden, bis der erste Wagen zurück ist.«

»Na ja, zwei Stunden wird Hardy bestimmt nicht warten wollen. Gibt es denn nicht doch noch irgendwo einen Wagen?«

»Du könntest vielleicht mit Haralds Wagen fahren. Der steht hinten auf dem großen Parkplatz.«

Das musste ja nun auch nicht sein. Ihr Bedürfnis, das Auto von Harald Schmidt durch die Stadt zu schaukeln, hielt sich in überschaubaren Grenzen. Aber sie konnte ja schlecht nein sagen.

»Mhm, mir egal. Ist das denn okay?«

»Och, Harald sieht das nicht so eng. Ist ja für die Firma.«

Die Produktionsassistentin drückte der jungen Frau einen klei-
nen Totenkopf in die Hand. An diesem Relikt wilder Kulturen
hing ein Autoschlüssel.

»Es ist der silbergraue Wagen, ganz hinten in der letzten Reihe.
Wirst du schon finden.«

Die junge Frau fuhr mit dem Aufzug ins Erdgeschoss und steu-
erte auf den Security-Mann zu.

»Hallo, ich soll mit einem Hardy zum Friseur. Hast du eine
Ahnung, wo der steckt?«

Er fing an zu grinsen.

»Ja, der ist hier. Moment.«

Er bückte sich hinter seinem Tresen, griff auf den Boden und
kam auf einmal mit einem unfassbar großen Hund mit den
Ausmaßen eines Kalbes auf die junge Frau zu.

»Das ist Hardy vom Jagdfels, ein reinrassiger Rhodesian Rid-
geback. Der Hundesalon weiß Bescheid.«

Er drückte ihr eine Visitenkarte von Michelles »happy dogs«
und die Leine in die Hand und hielt ihr die Tür auf. Sie zog an
Hardy, der sich jedoch keinen Zentimeter vorwärts bewegte.
Sie zog und zog.

»Na komm, mein Alter, jetzt beweg dich.«

Der Security-Mitarbeiter erhob mahnend seinen Zeigefinger.

»Du musst gefühlvoll mit dem Hund umgehen, dann hört der aufs Wort. Frau Görres hat gesagt, dass der Hardy sehr sensibel ist und immer positive Schwingungen um sich herum braucht.«

Da hatte sie sich wohl verhört, dieser Nachfahre eines Mammuts brauchte positive Schwingungen?

Beschwingt durch einen Klaps auf sein Hinterteil trottete Hardy tatsächlich hinter ihr her. Sie liefen über den großen Parkplatz, an dessen Ende der Wagen von Harald Schmidt stand. Beim Anblick des Autos wurde ihr klar, dass sie ein riesengroßes Problem hatte, im wahrsten Sinne des Wortes. Wie sollte sie einen Hund mit den Ausmaßen eines Ponys in Schmidts erstaunlich kleinem Cabriolet verstauen? Sie öffnete die Beifahrertür und nahm grob Maß.

Wenn sie den Sitz so weit wie möglich nach hinten fahren würde, konnte sie Hardy vielleicht in einer halb liegenden Position auf dem Sitz festbinden. Sie versuchte, ihn durch beständigen Druck von hinten dazu zu bewegen, auf dem Beifahrersitz Platz zu nehmen. Hardy hatte jedoch keinen Bock auf eine Spazierfahrt in einem kleinen Auto und knurrte sie an. Sie musste sich eingestehen, dass sie den Hund verstehen konnte. Die Größenverhältnisse waren ungefähr so, als wolle man eine Fleischwurst in eine Zigarettenschachtel stopfen.

Auf einmal kam ihr eine Idee. Vielleicht wollte Hardy ja offen fahren? Sie öffnete das Verdeck und bat Herrn vom Jagdfels mit sanftem Nachdruck erneut darum, einzusteigen. Was soll man sagen, der Hund war begeistert.

Leicht wie eine Elfe sprang Hardy auf den Beifahrersitz und setzte sich auf das schwarze Leder, das augenblicklich von einem hellbraunen Haarteppich bedeckt war und dicke Sabbertropfen in sich aufsog. Und so fuhr sie bei Minus fünf Grad Außentemperatur mit Harald Schmidts Cabriolet den mutierten Hund des größten deutschen TV-Stars Angelika Görres zu seinem Friseurtermin spazieren. Und dafür hatte sie Jura studiert.

Auf einmal fing es an zu schneien. Sie legte einen Zahn zu und raste mit einer für sie absolut ungewohnten Schnelligkeit durch die Straßen. Plötzlich fing Hardy an zu maulen. Als sie an einer Ampel anhielten, sah er sie mit tiefliegenden Augen an und gähnte. Dann kotzte er zuerst sich, dann die junge Frau und zum Schluss den halben Wagen voll. Es stank bestialisch.

Als sie den Hund bei Michelles Hundesalon ablieferte, schrie Michelle völlig hysterisch herum und jammerte die ganze Zeit so was wie »der arme Hund« und »unverantwortlich« und »Tierquälerei« und »was wird die Geli bloß sagen«. Ja, was sollte sie denn machen? Sich 50 Kilo Hardy um die Schultern legen und zu Fuß gehen? Michelle hatte vielleicht Nerven.

Während Michelle versuchte, Herrn vom Jagdfels wieder in einen hundeähnlichen Zustand zu versetzen, schrubbte die junge Frau den Wagen. Das Zeug klebte überall, es war einfach widerlich! Harald würde komplett ausrasten, so viel war klar.

Nach rund zwei Stunden war der Hund wieder fit für die Showwelt und sie fuhren zurück zum Studiogebäude.

Sie lieferte Hardy bei seinem Frauchen ab. Dann gab sie die Autoschlüssel im Produktionsbüro zurück und erzählte von Hardys Malheur.

»Der Hund hat Haralds Auto vollgekotzt? Das kann doch nicht wahr sein, Harald wird ausrasten.«

Die Produktionsassistentin zündete sich eine Zigarette an und wippte nervös mit den Füßen.

»Tut mir leid, Hardy war übel.«

Auf dem Klo desinfizierte sie sich ausgiebig ihre Hände und versuchte, diverse Flecken aus ihren Klamotten zu entfernen. Anschließend ging sie wieder in ihr Büro und starrte einfach aus dem Fenster. Auf einmal klingelte das Telefon.

»Du sollst sofort zu Harald kommen«, wisperte die Produktionsassistentin tonlos durch den Hörer.

Auf dem Weg zu Schmidts Büro gingen ihr die merkwürdigsten Sachen durch den Kopf. Ihr Leben lief in winzig kleinen Sequenzen an ihrem inneren Auge vorbei. Hatte sie sich schon einmal so beschissen gefühlt?
 Mit letzter Kraft klopfte sie an Haralds Bürotür.

»Jaaa.«

Sie öffnete die Tür und steckte ihren Kopf durch den Türrahmen.

»Du wolltest mich sprechen?«

»Ah ja, hallo. Komm doch rein.«

Das Büro von Schmidt war riesengroß und so gut wie nicht möbliert. Außer einem Schreibtisch, zwei Stühlen, einem Computer, einem Telefon und einem Fernseher war der Raum klinisch rein. Es war überhaupt kein Leben darin, keine Regale, keine Farbe, Bilder oder Pflanzen. Nichts. Der Raum war tot.

Schmidt hingegen war sehr lebendig. Blass, aber lebendig. Obwohl es ziemlich düster war, trug er eine Sonnenbrille. Sie fühlte sich etwas unwohl in ihrer Haut. Der schöne Porsche.

»Was ist denn da mit meinem Wagen passiert?«

Er zeigte auf den noch freien Stuhl und sie setzte sich hin. Sie erzählte in blumigen Worten alle notwendigen Details des Vorfalls und verpackte in jedem Satz eine Entschuldigung.

Schmidt hörte ihr aufmerksam zu, ohne eine Miene zu verziehen.

»Du hast den Hund von der Görres in meinem Cabrio zum Hundesalon gefahren?«

Das Blut in ihren Adern pochte und sie spürte den Phantomschmerz ihrer durch eine Operation verlorenen Weisheitszähne.

Schmidt fixierte sie mit seinen Augen. Dann fing er schallend an zu lachen.

»Das hätte ich zu gerne gesehen, diese widerliche Töle im Cabriolet bei Minusgraden durch Köln. Der wird doch immer in Burberry-Hundedecken eingepackt, damit er sich nicht erkältet. Wie hast du den denn da überhaupt reingebracht?«

Schmidt bekam sich vor lauter Lachen nicht mehr ein.

»Na ja, ich habe halt so lange an dem herumgedrückt, bis er drin war.«

Harald unterbrach seinen Lachanfall kurz.

»Das erinnert mich an meinen letzten Geschlechtsverkehr«, sagte er und lachte weiter.

»Also, das mit dem Wagen ist nicht schlimm, den kann unser Hausmeister noch mal saubermachen, der faule Sack. Der tut sowieso den ganzen Tag nichts.«

Gott sei Dank kamen solche Träume nur in der Anfangszeit vereinzelt vor. Eines Tages stand Harald Schmidt bei ihr im Büro und sagte:

»Also, wir brauchen jetzt eine Homepage, die Domain ist schon reserviert: schmidt.de. Du bist ab sofort für den Aufbau und die Redaktion der Seite zuständig, mein Bruder in Stuttgart übernimmt die komplette technische Seite und Programmierung. Viel Spaß.«

Sie blickte ihren Chef vollkommen entgeistert an.

»Bist du verrückt? Ich habe von Homepages und dem ganzen Kram absolut keine Ahnung, wie soll ich das denn machen?«

»Du schaffst das schon, besuche einfach alle Weiterbildungskurse, die du für sinnvoll hältst, ich bezahle das.«

Er lachte, drehte sich um und ging. Für ihn war der Fall damit erledigt. In den kommenden Monaten war sie Stammgast in sämtlichen Seminaren im Großraum Köln, die sich mit neuen Medien, CMS-Systemen, Bildbearbeitungsprogrammen und HTML beschäftigten. Sie machte sich mit großer Begeisterung ans Werk und zwei Jahre später war sie die erste Adolf-Grimme-Preisträgerin für eine Homepage, die Harald-Schmidt-Show gewann den Grimme Online Award. Man kann über die Persönlichkeitsmerkmale von Harald Schmidt mit Sicherheit interessante und auch kontroverse Diskussionen führen, sie selbst arbeitete gut mit ihm zusammen. Er hörte sich jede noch so verrückte Idee an und viele wurden umgesetzt. Sie trat häufiger mit ihm gemeinsam in der Show auf, sie plauderten über ihre Schuhsammlung, sie brachte ihm Tanzen bei und war eine der treibenden Kräfte bei der Gründung des Werkchors. Sie konnte auf ihre langjährige Chorerfahrung zurückgreifen und nach einer Weile trat der Chor sogar in der Show auf und sang zum Beispiel gemeinsam mit der Gruppe »Die Ärzte«.

Nach einiger Zeit landeten auch die Presseanfragen an die Produktionsgesellschaft auf ihrem Schreibtisch und damit unendlich viele Versuche von Product Placement. Was ließen sich die Hersteller und PR-Manager nicht alles einfallen, um Schmidt dazu zu bewegen, die neueste Kamera oder Whiskey auf seinem Show-Schreibtisch zu präsentieren, aber auf dem Ohr war er taub. Werbeagenturen schickten Videos mit der Bitte um Parodie, »der Spot komme demnächst auf den Markt«. Alles zwecklos. Die Dinge, die er manchmal zeigte, fand er einfach gut oder auch völlig gaga, er machte einfach, was er wollte und blieb unabhängig. Sie lernte sehr viel über das Fernseh- und Mediengeschäft und verstand auch immer mehr, wann Prominente für was und mit welchem Zweck vor die Fernsehkamera traten und wie das alles gesteuert wurde.

Besonders interessant fand sie jedoch die Medienreaktionen auf die »Kreativpause« von Harald Schmidt. Der 8. Dezember 2003 war ein schwarzer Tag für Deutschland. Eine Nation lag in Trümmern. Entsetzte Feuilletonisten schrieben sich die Finger wund und hatten den Sinn ihres Daseins gefunden, man legte Sonderschichten ein. Eilig wurden neue Websites programmiert und Demonstrationsaufrufe gestartet. Es gab nur ein Gesprächsthema und sämtliche Medienseiten waren sich ausnahmsweise einmal einig. Erstaunlich, aber was war passiert? Krieg? Ein Terroranschlag? Virusattacke? Akute Seuchengefahr? Die Regierung zurückgetreten? Nichts von alledem. An jenem 8. Dezember im Jahr 2003 um 11:20 Uhr verkündete Harald Schmidt via Agenturmeldung nach genau acht Jahren das Aus seiner Show. Nicht mehr und nicht weniger. Die folgenden Wochen bis zur letzten Ausgabe der Harald-Schmidt-Show am 23. Dezember 2003 beherrschte kein Thema die Medienseiten so sehr wie deren Ende. Alle trugen Trauer. Kollektiv. Die Süddeutsche Zeitung (Ausgabe vom 10. Dezember 2003) leistete auf ihrer Medienseite ganze Trauerarbeit. Wichtige Menschen der Nation kamen zu Wort: Uli Hoeneß, Hartmut Mehdorn und Günther Jauch äußerten ihr aufrichtiges Bedauern. Bei Spiegel Online (12. Dezember 2003) konnten die User darüber abstimmen, wo Harald Schmidt eine Anschlussbeschäftigung finden sollte: als Kultursenator in Hamburg, Intendant des Berliner Ensembles oder Psychiater in der Praxis Bülowbogen. Interessant auch die Ausführungen der FAZ (Ausgabe vom 23. Dezember 2003) in jenen Tagen. Dort wurde in einem großen Interview Gerd Müller-Thomkins, der Geschäftsführer des Deutschen Mode-Instituts, zum modischen Auf- und Abtritt von Harald Schmidt befragt. Hatte Schmidt in den ganzen Jahren mit seinen Anzügen die größtmögliche Gruppe an Zuschauern erreicht? Waren braune Schuhe zum grauen Anzug gesellschaftsfähig? Spiegelte sich in Schmidts Anzügen seine geistige Avantgarde?

Acht Jahre zuvor, zum Start der Harald-Schmidt-Show im Dezember 1995, berichteten die Medienseiten auch über die Show. Auch da herrschte weitgehend Einigkeit, denn die Euphorie hielt sich in Grenzen, unter den Kritikern sahen die wenigsten einen leuchtenden Stern am Showhimmel. »Der unmögliche Harald Schmidt versucht eine deutsche Late-Night-Show möglich zu machen« und »im Zweifel kommt der schlechtestmögliche Witz« stellte die taz (Ausgabe vom 5. Dezember 1995, 18) in jenen Tagen fest. Die FAZ (Ausgabe vom 7. Dezember 1995, 38) urteilte: »Schwache Stunde – schwaches Programm« und: »Schmidt sprach seinen Text, als habe er zuvor ein Röhrchen Muntermacher mit einer Thermoskanne Kaffee heruntergespült.« Der Tagesspiegel (Ausgabe vom 7. Dezember 1995) ärgerte sich, dass er den Sat.1-Ankündigungen geglaubt und eine Late-Night-Show der Extraklasse erwartet hatte – »was kam, war der Start am Nullpunkt und der hoffentlich unfreiwillige Versuch, das Scheitern einer solchen Fernsehgattung vorzuführen«. Wäre es nach den Kritiken der ersten Wochen gegangen, hätte Harald Schmidt seine Show bereits im Dezember 1995 wieder einstellen können. Es ist bemerkenswert, welchen Wandel die Show und Schmidt in den Medien durchlaufen haben. Vom mürben Witzeversucher, oft unbeliebtesten Moderator einer Fernsehsendung zum Kronzeugen des ausgehenden Jahrhunderts nach Enzensberger (Rolling Stone, März 1999, 50). Sprach die Bild-Zeitung 1996 noch von »Ekel-Fernsehen um Mitternacht« und prophezeite den »schnellen Abstieg des schmutzigen Harald«, war ebenjener acht Jahre später der Held geistreicher Fernsehunterhaltung und lieferte täglich der Bild-Zeitung den »Spruch des Tages«. Im Oktober 1999 wurde die Harald-Schmidt-Show mit dem Bayerischen Fernsehpreis ausgezeichnet – für die TV-Spitzenleistung des Jahres. Die Jury lobte seinen perfekten, oft artistischen Umgang mit der Sprache und seine unterhaltsame Form des Entertainments. Die Harald-Schmidt-Show war plötzlich »en vogue« und räumte alle Preise ab, die die Medienbranche zu vergeben hat.

Was verursachte den Sinneswandel? Vielleicht Haralds stoische Gelassenheit, er ließ sich nie von irgendwelchen Kritiken beeindrucken und zog sein Programm einfach durch. Der einzige Kritiker, den er akzeptierte, war er selbst, sein eigenes Wertesystem war die Grundlage seiner Arbeit. Die Verrisse ließ er einfach über sich ergehen, er hatte für sich selbst längst festgelegt, was ging und was nicht. Die Medien brauchten dafür erheblich länger. Und Schmidt war hartnäckig, keine noch so harte Abhandlung in den Medien konnte ihn von seinem Kurs abbringen. Im Gegenteil, auch Kritiken wurden Bestandteil der Show und dort genüsslich analysiert.

Harald war der Kapitän auf seinem Show-Schiff und bestimmte den Kurs. Irgendwann wurde aus Ekel Kult, auf Schmuddel folgte Glamour und aus Zoten erwuchs Schmidts Sprachkunst. Man wurde ihn nicht los, also lebten sie mit ihm. Wer damit anfing? Egal! Alle zogen nach und die Euphorie kannte für sehr lange Zeit keine Grenzen. Zum Schluss (hier ist die Phase bis Ende 2003 gemeint) konnte sich Harald so gut wie alles erlauben, selbst an einer 20-minütigen schwarzen Mattscheibe im Rahmen der berühmt gewordenen Sat.1-Radionacht (zu der die Online-Redakteurin Märchen vorlas) oder an Moderationen mit dem Rücken zum Publikum hatten die Menschen ihre Freude.

Wie es ein Thema in die Harald Schmidt Show schaffte? Hierzu gab es mehrere Möglichkeiten. Jeden Morgen wurden diverse Zeitungen nach möglichen Themen durchgearbeitet, allen voran die Bild-Zeitung als stets verlässliches Klatschorgan. Auch Talksendungen wurden besonders gerne nach verwertbaren Themen durchforstet, oft vom Chef persönlich. Fündig wurde man immer und auch das Internet stand natürlich unter Beobachtung. Tauchte im Laufe des Tages online eine interessante Meldung auf, wurde sie am Abend in der Show sofort verarbeitet. In der täglichen Redaktionskonferenz wurden die vorselektierten Meldungen dann auf »Showtauglichkeit« untersucht, die Themenbandbreite kannte fast keine Grenzen.

Was nicht ging?

»Alles, was mit dem Thema Juden in Deutschland zu tun hat«, bemerkte Harald einmal.

Diabetes war auch nicht einfach. Polen hingegen ging. Auch hier hatte Schmidt einen untrüglichen Sinn für das gerade noch Erträgliche. Konnte man morgens in der Bild-Zeitung von Susan Stahnkes Hollywood-Plänen lesen, war das abends in der Sendung ein Thema, solche Meldungen waren ein Geschenk. Die Umsetzung war denkbar einfach, Schmidt setzte sich abends einfach an seinen Show-Schreibtisch, die Quelle des Themas vor sich auf dem Tisch liegen, und lieferte die pointierte Analyse. Ohne Probe. Ohne Absprachen. Ganz einfach.

Manchmal ließ er auch tiefgefrorene Flugenten von einer Mini-Sprungschanze fliegen, um die Schwerkraft von Gefrorenem zu testen. Das war dann die Umsetzung von Ideen, deren Verantwortliche im Nachhinein nicht immer zu eruieren waren. Doch wie oder warum es ein Thema in die Show schaffte, war im Grunde egal. Wenn Harald am Donnerstag eine spektakuläre Aussage oder Aktion brachte, war das spätestens samstags in der Bild-Zeitung nachzulesen. Schmidt dazu einmal in einem Interview:

»Man macht einen Witz donnerstags, spätestens montags haben den alle aufgenommen – aber zu diesem Zeitpunkt ist er schon völlig ungenau und es tauchen Pointen auf, die ich so nie gemacht habe.« (Rolling Stone, März 1999, 51)

Als Gerhard Schröder im Frühjahr 2002 sein neues Reihenendhaus in Hannover renovierte, wurde er dabei von vielen Journalisten begleitet. Täglich gab es neue Berichte über den Stand der Renovierungen in den Zeitungen. Die Online-Redakteurin überlegte, wie sie schnell an Informationen kommen konnte. Kurz darauf schaltete sie auf der Homepage schmidt.de den Aufruf »Spione gesucht – mailt uns Bilder und Informationen von des Kanzlers Umzug«. Im Stundentakt trafen in der Online-Redaktion die neuesten Fotos ein und sie fragte sich, ob das nur in Deutschland so gut funktionierte oder ob auch zum Beispiel Italiener oder Franzosen ein so beachtungs-intensives Leben führten. Sie kam mit der Sichtung der Fotos kaum hinterher. Die schönsten wurden abends in der Sendung präsentiert und natürlich auch kommen-tiert. Als Schmidt im Jahr 1999 Verona Pooth (früher Feld-busch) in der Show das Gesicht ableckte, freute sich nicht nur sie über diese Aktion. Die Medienseiten hatten ihre Freude und die Geleckte war erneut ein paar Tage in der für sie wichtigen Presse.

Die Harald-Schmidt-Show konnte im Zusammenspiel mit den Medien Karrieren beenden – oder starten. Als die damals noch relativ unbekannte Ariane Sommer als netter Hingucker in die Show eingeladen wurde, brachte sie die Reste einer Mousse au chocolat mit, in der sie ei-nige Tage zuvor gebadet hatte. Harald sollte kosten. Es gab kaum eine Zeitung, die diese Bilder nicht brachte, und für Frau Sommer war dies ein Karrieresprung.

Mit dem vorläufigen Ende der Harald-Schmidt-Show war auch die Fernsehzeit der Online-Redakteurin beendet. Sie hatte hinter den Kulissen genug gesehen, gehört, er-lebt und erkannt.

IX

Die junge Frau war nun Mitte dreißig und seit ein paar Jahren verheiratet. Diese Ehe war keine so gute Idee gewesen, das war ihr zu diesem Zeitpunkt bereits bewusst. Im Grunde war ihr am Tag ihrer Hochzeit schon klar, dass sie diesen Mann besser nicht heiraten sollte. Es hatte auch deutliche Zeichen gegeben, aber sie hatte alle Signale ignoriert, der Wunsch, endlich zu einer Familie zu gehören und vielleicht auch eine eigene zu gründen, war einfach zu stark. Circa drei Wochen vor der Hochzeit brach bei ihr ein Magengeschwür auf und wieder einmal hatte sie sehr großes Glück. Sie war abends alleine zu Hause gewesen und erbrach das ganze Blut. Die Ärzte schüttelten den Kopf über diese neue Diagnose und ermahnten sie erneut, mehr Ruhe zu halten. Das Zusammenspiel zwischen Seele und Körper schauten sie jedoch nicht an, Medikamente für den Magen sollten die Dinge wieder in Ordnung bringen.

Das Paar überlegte, die Hochzeit abzusagen, doch alle Verwandten des Mannes, auch aus größerer Entfernung, hatten ihre Reisen schon gebucht und auch die Hochzeitslocation, das Schlosshotel Lerbach mit seinem genialen Koch Dieter Müller, war bereit für die Party. Sie fühlte sich körperlich nicht schlecht, der Körper war so sehr daran gewöhnt, irgendwie zu funktionieren, dass sie Schmerzen oft nicht einmal bemerkte. Sie hatte zum damaligen Zeitpunkt noch kein Gefühl für sich selbst und ihre eigenen Bedürfnisse. Also wurde geheiratet und gefeiert, das heißt, die anderen feierten, sie beobachtete mehr. Vater Karl gab dem Ganzen eine besondere Note, indem er auf einmal während des Hauptgangs einfach aufstand und ging, er hatte genug von der Hochzeit seiner Tochter. Sie konnte von ihrem eigenen Hochzeitsmenü so gut wie nichts essen und auch der Champagner floss nicht in ihre Richtung.

»Ich habe noch nie eine Braut erlebt, die nichts von ihrem eigenen Hochzeitsmenü essen kann und nur Tee trinkt«, bemerkte Dieter Müller sichtlich gerührt und umarmte sie herzlich.

»Wenn der Magen wieder richtig in Ordnung ist, dann koche ich das Hochzeitsmenü noch einmal nach in ein paar Monaten«, sagte er.

Dieter Müller hielt sein Versprechen und spendierte sogar noch eine Hotelübernachtung in einer schönen Suite einige Monate später. Wie zu erwarten, war das Essen ein Genuss und so kam sie doch noch zu einer, wenn verspäteten, kleinen Hochzeitsfeier.

Sie und ihr Mann hatten ein gutes Leben zusammen, wenngleich sie häufig von verschiedenen Krankheiten wie zum Beispiel einer Colitis ulcerosa (eine entzündliche Darmerkrankung) heimgesucht wurde und häufige Arztbesuche, Untersuchungen sowie Krankenhausaufenthalte über sich ergehen lassen musste. Das Paar konnte über viele Dinge diskutieren, gemeinsam lachen, sie reisten häufig und Streit kam praktisch nie vor. Die Jahre waren von einer gleichförmigen Kontinuität, die der Langeweile ähnelte, sie lebten wie Bruder und Schwester in einer Wohngemeinschaft, nicht wie Mann und Frau. Die junge Frau funktionierte, hatte keinen echten Zugang zu sich und ihrem Körper und stellte ihre Bedürfnisse, wenn sie sie überhaupt erkannte, hintenan. Dem Mann erging es ähnlich, auch er hatte noch lange nicht verstanden, was er sich eigentlich vom Leben wünschte und was seine Bedürfnisse waren. Man hätte natürlich so weiterleben können, zufrieden mit dem materiell angenehmen Leben, aber sie spürte immer stärker, dass es da doch noch mehr geben musste. Solange sie sich selbst nicht liebevoll so annehmen konnte, wie sie nun einmal war, so lange konnte sie das auch nicht bei einem anderen Menschen. Sie ahnte, dass sie sich auf die Reise zu sich selbst nur alleine begeben konnte. Sie brauchte Jahre für diesen Schritt, doch schließlich bat sie ihren Mann um die Trennung. Er war als Ehemann die falsche Entscheidung gewesen, als Mensch jedoch war er eine der besten Entscheidungen ihres Lebens. Nach der Trennung konnten sie endlich so miteinander umgehen, wie sie immer gefühlt hatten: als Bruder und Schwester. Der Mann wurde zu ihrem »Brudermann« und blieb ihr engster Vertrauter.

Das Ende der Harald-Schmidt-Show leitete eine berufliche Veränderung ein. Sie hatte hinter die Kulissen der Politik, der Regierungsarbeit und der Medien geblickt und jeder Blick hatte sie ein Stück weit weiter ernüchtert. Dazu kamen erste zaghafte Signale ihrer Seele, sich tatsächlich auf die Reise zu sich selbst zu begeben und sich mit ihrer Lebensgeschichte zu beschäftigen. Sie absolvierte Weiterbildungen in hypnosystemischer Kommunikation, Neuro-Linguistischem Programmieren und Psychologie.

Im Rahmen der während der Weiterbildungen stattfindenden Selbsterfahrungen dämmerte ihr langsam, dass da in ihr eine Menge schlummerte, das es verdiente, angeschaut zu werden. Aber sie blieb für viele weitere Jahre zaghaft. Erst mehr als zehn Jahre später sollte sie eine intensive Aufarbeitung von circa vier Jahren beginnen, die sie am Ende mit 50 Jahren in ein neues Leben führen sollte.

Was genau sie an der Public Relations und Prominenten begeisterte, konnte sie lange Zeit nicht beschreiben. Vielleicht war es nach der Politik und den Medien der letzte Baustein, den sie für den völligen Illusionsverfall im Hinblick auf das Gesellschaftswohl benötigte. Vielleicht sollte auch etwas vom vermeintlichen Prominenten-Glanz auf sie abfallen. Vielleicht wollte sie auch einfach nur testen, wie weit sie es mit dem PR-Geschäft bringen konnte. Sie war seit vielen Jahren den Umgang mit Prominenten, Politikern und Unternehmern gewohnt und wusste genau, wie diese tickten. Konnte man es als Proletariermädchen aus der kleinen Stadt in der Nähe von Bonn bis zu einer eigenen Firma in Hollywood und auf fast alle roten Gala-Teppiche dieser Welt schaffen? Konnte jemand wie sie persönlicher PR-Manager von Hollywoodstars oder Wirtschaftsbossen werden? Diese Gedanken könnten ein Trigger für ihre nächsten beruflichen Schritte gewesen sein, neben dem Interesse für Psychologie.

Wie funktionierte das Zusammenspiel von Medien, Politik und Prominenten? Der Psychologe Peter Winterhoff-Spurk schreibt dazu in seinem Buch »Kalte Herzen« (erschienen 2005):

»Die Medien, allen voran das Fernsehen, verändern schleichend den Sozialcharakter, also diejenigen psychischen Eigenschaften und Verhaltensweisen, die die Menschen einer bestimmten Epoche und Kultur gemeinsam haben. Das wäre ja nicht weiter schlimm, weil sich der Sozialcharakter – ebenso wie die Gesellschaft selbst – eigentlich immer verändert hat und weiter verändern wird. Wandel allein erregt keine Besorgnis. Aber welche Eigenschaften und Verhaltensweisen durch die Medien manipuliert werden, das lässt schlimme Folgen für den Einzelnen wie für die Gesellschaft befürchten. Es sind kalte Herzen, die da entstehen.«

Wie funktionierte nun aber Public Relations und die damit zusammenhängende Beeinflussung der Massen? Sie studierte alte Schriften von Gustave Le Bon, Edward Bernays und Ivy Lee. Letzterer arbeitete unter anderem für Rockefeller Jr., dem er zu einem besseren Image verhelfen sollte. Er streute gezielt positive Nachrichten und Berichte aus Rockefellers Privatleben und legte damit den Grundstein für die später so beliebt gewordenen »Homestorys« von Prominenten. Lee und Bernays gelten als die »Erfinder« der Public Relations. Ihre Methoden waren zum Teil abenteuerlich, werden aber in Form von Propaganda (Bernays änderte den Begriff »Propaganda« später in ›Public Relations‹, da Propaganda zu negativ besetzt war) bis heute von Beratern, Unternehmen und Regierungen im Zusammenspiel mit den Medien angewandt. Es spricht nur so gut wie niemand über diese Methoden.

Edward Bernays, ein Neffe Sigmund Freuds, stützte sich auf die These, dass der Mensch ein irrationales, von unbewussten Triebimpulsen motiviertes Wesen ist, das der kulturellen Bändigung und Steuerung bedarf. Aufgrund dieser Feststellung entwickelte er unendlich viele Kampagnen zur Meinungsbeeinflussung von Massen (sein bekanntestes Werk lautet »Propaganda: Die Kunst der Public Relations« und ist im Jahr 1928 in den USA erschienen). Darin stellt er zu Beginn fest:

»Die bewusste und zielgerichtete Manipulation der Verhaltensweisen und Einstellungen der Massen ist ein wesentlicher Bestandteil demokratischer Gesellschaften. Organisationen, die im Verborgenen arbeiten, lenken die gesellschaftlichen Abläufe. Sie sind die eigentlichen Regierungen in unserem Land. Wir werden von Personen regiert, deren Namen wir noch nie gehört haben. Sie beeinflussen unsere Meinungen, unseren Geschmack und unsere Gedanken. Das ist nicht überraschend, dieser Zustand ist nur eine logische Folge der Struktur unserer Demokratie: Wenn viele Menschen möglichst reibungslos in einer Gesellschaft zusammenleben sollen, sind Steuerungsprozesse dieser Art unumgänglich. Die unsichtbaren Herrscher kennen sich meist untereinander nicht mit Namen. Die Mitglieder des Schattenkabinetts regieren uns wegen ihrer angeborenen Führungsqualitäten, ihrer Fähigkeit, der Gesellschaft dringend benötigte Impulse zu geben, und aufgrund der Schlüsselpositionen, die sie in der Gesellschaft einnehmen. Ob es uns gefällt oder nicht, Tatsache ist, dass wir in fast allen Aspekten des täglichen Lebens, ob in Wirtschaft oder Politik, unserem Sozialverhalten oder unseren ethischen Einstellungen, von einer (angesichts von 120 Millionen US-Bürgern) relativ kleinen Gruppe Menschen abhängig sind, die die mentalen Abläufe und gesellschaftlichen Dynamiken von Massen verstehen. Sie steuern die öffentliche

Meinung, stärken alte gesellschaftliche Kräfte und bedenken neue Wege, um die Welt zusammenzuhalten und zu führen.«

Bernays wurde von der amerikanischen Regierung dazu beauftragt, für den Ersten Weltkrieg PR zu machen und brachte amerikanische Frauen zum Rauchen, indem er die Zigaretten als »Fackeln der Freiheit« vermarktete. Er war Spezialist darin, nicht direkt ein Produkt zu vermarkten, sondern das Umfeld so zu beeinflussen, dass alle das Produkt unbedingt haben wollten. Wie bitte? Regierungen engagieren PR-Berater, um der Bevölkerung einen Krieg »schmackhaft« zu machen? Wie funktioniert denn so etwas? US-Präsident Thomas Woodrow Wilson erklärte am 6. April 1917 Deutschland den Krieg. Nur ein Jahr zuvor hatte er noch im Wahlkampf erklärt, dass die USA niemals in den Krieg ziehen würden. Wilson stand also vor einem kleinen Problem. Was tun? Wie den Bürgern den Sinneswandel erklären und den Krieg als unabdingbar verkaufen? Wie konnte das Weiße Haus die Massen umlenken und zur Beteiligung an diesem Krieg bewegen? Mehrere seiner Berater argumentierten, dass man mit den Mitteln der Massenpropaganda das Volk dazu bringen könne, dass es den Ersten Weltkrieg unterstützt. Es wurden kleine Propagandafilme in Kinofilmqualität, unter anderem mit Stars wie Charlie Chaplin, produziert, die die Massen auf den Krieg einstimmen sollten. Unternehmer, Prediger und Stars der damaligen Zeit sprachen sich öffentlich für den Krieg aus. Der damals noch junge Bernays hatte seine Sicht auf den Menschen und die Manipulation der Masse nicht nur aus den Schriften seines Onkels Sigmund Freud, sondern auch aus den Werken

Gustave Le Bons gezogen. Dessen bekanntestes Werk »Psychologie der Massen« erschien 1895 in Paris. Le Bon vertritt darin die Auffassung, dass der Einzelne unter bestimmten Umständen in der Masse seine Kritikfähigkeit verliert und sich irrational und zum Teil unberechenbar verhält. Eines seiner berühmtesten Zitate:

»In der Masse entsteht eine alle in ihr integrierten Einzelwesen umfassende ›Gemeinschaftsseele‹. In dieser Situation ist der Einzelne leichtgläubiger und unterliegt der psychischen Ansteckung, die Masse ist somit von Führern leicht zu lenken.«

Die Masse wird zu einer Gruppe, die sich jeder Vernunft verschließt. Daher müssten die Massen bei ihren Emotionen und Instinkten gepackt werden. Mit dieser für sich gewonnenen Erkenntnis arbeitete Edward Bernays in der PR sein Leben lang. Er führte in der Kommunikation Methoden ein, die das kritische Denken beim Menschen umgehen und direkt den Bauch ansprechen. Es wurden zum Beispiel weitere Filmtrailer und Artikel produziert, in denen der Deutsche als »böser Hunne« dargestellt wurde, »der kleine Kinder einfach aus dem Fenster schmeißt«. Das amerikanische Volk stand auf einmal hinter Präsident Wilson und zog begeistert in den Ersten Weltkrieg. Von da an ging es mit der PR und ihrer Bedeutung steil nach oben, durch die Arbeit der Public-Relations-Berater änderten sich die Konsumgewohnheiten der Amerikaner innerhalb von wenigen Jahren grundlegend. Durch die PR-Unterstützung von Bernays stand zum Beispiel Rockefeller Jr. auf einmal nicht mehr als verhasster Unternehmer da, sondern als Wohltäter. Er spendete Millionen von US-Dollar für wohltätige Zwecke und wurde bei Scheck-übergaben freundlich lächelnd fotografiert. An Edward Bernays führte bald kein Weg mehr vorbei, er wurde »der« PR-Berater der USA. Er lebte in der Suite eines Luxus-hotels und baute sich ein gigantisches Kontaktnetzwerk aus Medienleuten, Unternehmern und Stars auf. Er hatte eine der wichtigsten Eigenschaften, die man als PR-Bera-ter benötigt, er war sehr gesellig und fand leicht Kontakt zu allen möglichen Menschen. Er gab Partys und große Dinner für Künstler, Journalisten, Politiker und Unter-nehmer: In war, wer drin war.

Bernays landete einen seiner ersten größeren Coups, als er das amerikanische Frühstück mit Eiern und vor al-lem Schinken als unumgänglich für die gesunde Familie etablierte. Wie er das hinbekam? Er hatte den Public-Re-lations-Auftrag für Beech-Nut Bacon erhalten, die zum größten Schinkenproduzenten des Landes aufsteigen wollten. Bernays hatte die Idee, den Markt für Schinken und Speck einfach um ein Vielfaches zu vergrößern, an-statt sich mit der Konkurrenz anzulegen. Dazu bediente er sich einiger sogenannter Meinungsführer, die das Volk von der Notwendigkeit überzeugen sollten, dass der Mensch Unmengen von Schinken essen sollte.

Wer diese Meinungsführer waren? Ärzte. Er bildete eine Kommission, die Ärzte befragte, wie diese ein herz-haftes Frühstück mit Schinken für die Gesundheit der Amerikaner einschätzen würden. Daraus entwickelte er eine Studie, die zu dem (von Bernays bestellten) Er-gebnis kam, dass ein herzhaftes und üppiges Frühstück mit Schinken zu empfehlen sei. Das Ergebnis der Studie verschickte Bernays an rund 4.000 Ärzte in den USA. Diese Ärzte ermunterten dann ihre Patienten zu einem herzhaften Frühstück mit Schinken für eine gesunde Entwicklung vor allem der Kinder. Zusätzlich wurden viele Zeitungsartikel veröffentlicht, die das Ergebnis der Studie beschrieben, und Prominente wie Frank Sinatra wurden beim Verzehr von Schinken in unzähligen Zeitungen abgebildet. Der Absatz von Schinken explodierte im gesamten Land und Beech-Nut Bacon wurde zum größten Schinkenproduzenten der USA. Bernays sagte zu diesem PR-Schachzug einmal in einem Interview:

»Wenn Sie keinen Schinken mögen, aber gesund leben möchten, und 4.000 Ärzte sagen, dass der Verzehr von Schinken für Ihre Gesundheit unumgänglich ist – dann essen Sie Schinken!«

Bernays hatte eindrucksvoll demonstriert, wie die bewusste und zielgerichtete Manipulation der Verhaltensweisen und Einstellungen der Massen funktioniert. Man kann unzählige weitere Beispiele für Propaganda-Public-Relations in den letzten 100 Jahren aufzählen, die Menschen werden jeden Tag damit überflutet und so gut wie niemand hinterfragt das, die Masse folgt einfach. Die Begründung für den Irakkrieg im Jahr 2003 war vonseiten der Vereinigten Staaten auf reiner Propaganda und Lügen aufgebaut. US-Außenminister Colin Powell hatte bei seiner Rede vor dem Weltsicherheitsrat der UN im Februar 2003 die Weltöffentlichkeit in einer einstündigen Rede auf den Krieg eingestimmt. Er behauptete, Saddam

Hussein sei im Besitz von biologischen und chemischen Massenvernichtungswaffen und Hussein strebe den Bau von Atomwaffen an. Alles »fake news«, wie man heute formulieren würde. Man soll jedoch nicht glauben, dass ausschließlich die USA mit dieser Art von Propaganda-PR arbeiteten, das war und ist in Deutschland und im Rest der Welt nicht anders. In Deutschland ist der Deutsche Rat für Public Relations (DRPR) das Selbstkontrollorgan der PR-Branche. Der Verein wurde im Jahr 1987 gegründet. In seinem Jahresbericht von 2003 (zu finden auf der Homepage des Vereins) formulierte der Rat unter anderem:

»Der PR-Rat hat ein wachsames Auge auf Extremfälle der mentalen Korruption durch ausufernde PR-Events und Pressepräsentationen.«

Die junge Frau beschäftigte sich ausgiebig mit all diesen Erkenntnissen und schwankte zwischen Faszination und Ekel hin und her. Sie wollte versuchen, etwas in ihren Augen Gutes mit PR zu bewirken, und überlegte, wie das gelingen konnte. Auf einmal kam ihr eine Idee, die sie bis nach Hollywood führen sollte.

X

Wie konnte man in Deutschland mit dem Einsatz von Prominenten, zu denen die junge Frau zu dieser Zeit bereits gute Kontakte hatte, etwas Gutes für die Gesellschaft bewirken? Zum Beispiel mit einem Online-Charity-Auktionsportal. Ihr kam die Idee, dass Prominente Zeit mit sich oder Gegenstände aus ihrem persönlichen Besitz online für einen guten Zweck versteigern lassen könnten. Damals gab es in Deutschland noch kein Online-Charity-Auktionsportal und der Markt für eine solche Website schien ihr sehr groß zu sein. Man konnte viele Fliegen mit einer Klappe schlagen: Die Prominenten bekamen PR für ihren neuen Film oder ein neues Buch, da auf der Homepage jeweils Interviews mit den Auktionsgebern erschienen. Die Fans konnten Zeit mit ihrem Liebling verbringen und der Auktionserlös ging abzüglich einer sehr kleinen Verwaltungsgebühr an wohltätige Organisationen. Je länger sie über diese Idee nachdachte, desto überzeugter war sie davon. Sie nannte ihr Projekt »Stargebot Your Charity World« und fragte den Bruder von Harald Schmidt, ob dieser sich vorstellen könne, mit in das Projekt einzusteigen. Sie hatten bereits während ihrer Zeit beim Fernsehen zusammengearbeitet, warum also nicht auch jetzt? Er war mit seiner Internetfirma der ideale technische Partner, um die umfangreiche Programmierung einer solchen Online-Auktionsplattform vorzunehmen. Doch wie das Ganze finanzieren? Die veranschlagten Programmierkosten waren erheblich und sie verfügte nicht über Mittel in dieser Höhe. Sie arbeitete sich durch mehrere Business-Angel-Clubs und filterte am Ende drei potentielle Investoren heraus, die an ihrem Projekt Interesse haben könnten. Sie checkte sämtliche Backgrounds und Lebensgeschichten, erstellte psychologische Profile der Kandidaten und schließlich wusste sie, wen der drei sie zuerst anfragen würde. Dieser Mann hatte zum einen eine Lebensgeschichte, die ihn für soziales Engagement sehr sensibilisiert hatte, und zum anderen verfügte er über einen sehr engen Kontakt zu Bill Clinton. Sie hatte den amerikanischen Markt und internationale Stars von Beginn an im Blick gehabt, verfügte aber über keinerlei Kontakte in die USA. Dieser Investor war offensichtlich die beste Wahl. Sie schrieb eine E-Mail an sein Büro und skizzierte kurz ihre Idee. Dann wartete sie ab. Circa eine Woche später wurde sie zu einem sogenannten »Pitch«-Gespräch mit dem Investor eingeladen. Sie machte sich auf die Reise – ohne Projektbeschreibung und ohne Businessplan. Das Einzige, was sie hatte, war ihre Idee und die authentische Überzeugung, dass das auch *wirklich* eine gute Idee war. Der vielbeschäftigte Mann lud sie spontan zu einem Lunch ein und als sie beim Kaffee angekommen waren, vereinbarten sie per Handschlag ein sechsstelliges Risikoinvestment. Sie war selbst überrascht, wie einfach das gelaufen war. Programmierer Schmidt und sein Team machten sich ans Werk und sie kontaktierte eine Vielzahl von deutschen Prominenten, schilderte das Projekt und lud zum Mitmachen ein. Zusätzlich meldete sie sich bei den ersten wohltätigen Organisationen und stellte auch dort das neue Online-Charity-Auktionsportal vor.

Sie arbeitete circa 80 Stunden die Woche mit großer Begeisterung und voller Elan an diesem Projekt. Sie reiste viel, um Organisationen in persönlichen Terminen vor Ort von den neuen Einnahmequellen zu überzeugen, zwei Mitarbeiterinnen hielten derweil die Stellung im Büro. Die Reaktionen der Prominenten waren zäh, viele taten sich mit »persönlichen Zeitspenden« schwer und wollten lieber einen alten Golfschläger von sich versteigern. Es kostete sie viel Überzeugungsarbeit, dass der ein oder andere sich am Ende doch persönlich mit Zeit engagierte. Die Auktionen liefen gut an, doch die Erlöse waren leider sehr gering. Die User fanden die Auktionen toll, wollten aber so wenig wie möglich für den guten Zweck ausgeben. Bald hatte sich eine Art Stamm-Ersteigerer-Club gebildet, deren Mitglieder die Dinge abwechselnd ersteigerten. Bill Clinton hatte zum Start, vermittelt durch den Investor, ein Dinner mit sich versteigert, das für knapp über 10.000 Euro einen Abnehmer fand. Sein Büro war »not amused«, denn in den USA brachten solche Angebote mehrere Hunderttausend Dollar Erlös ein. Sie lernte, dass man Ausgabe- und Spendenbereitschaft in Deutschland nicht mit der sehr spendenaffinen Bevölkerung in den USA vergleichen konnte. Dort gehört Charity zum Tagesgeschäft und sogenannten »guten Ton«. Es ist kaum vorstellbar, zu einer Geburtstagsparty einzuladen, bei der nicht auch für den guten Zweck gesammelt wird. Das war am Ende auch der Knackpunkt der Plattform zur damaligen Zeit: zu wenig wirklich engagierte Prominente (Ausnahmen bestätigten selbstverständlich die Regel, es gab sehr schöne und auch berührende Begegnungen zwischen Prominenten und ihren Fans) und leider geringe Auktionsergebnisse. Doch für die junge Frau war Stargebot ein wichtiger Baustein für ihren weiteren Werdegang in der Public Relations. Sie hatte nicht nur zu deutschen, sondern auch zu internationalen Charity-Organisationen wie zum Beispiel der Elton John Aids Foundation oder der amerikanischen Aidsforschung Kontakt aufgenommen und ihr Auktionsportal vorgestellt. Die internationalen Organisationen zeigten sich von Stargebot erheblich mehr begeistert als viele deutsche Wohltätigkeitsprojekte und luden die junge Frau zu ihren großen Charity-Dinners mit internationalen Stars in der ganzen Welt ein. Tagsüber sprach man über mögliche Kooperationen und abends saß sie neben Hollywoodstars wie Sharon Stone, Steven Spielberg oder Antonio Banderas, Supermodels wie Karolína Kurková oder Naomi Campbell, Journalisten wie Anna Wintour, Politikern wie Bill Clinton oder Unternehmern wie Tod's-Chef Diego Della Valle bei Charity-Dinnern und beklatschte die allabendliche Bekanntgabe von teilweise astronomischen Spendenergebnissen. Natürlich hörte man manchmal komische Geschichten über Non-profit-Organisationen, aber zu diesem Zeitpunkt hinterfragte sie das noch nicht genauer.

Sie lernte immer mehr sehr reiche und sehr mächtige Menschen, meistens natürlich Männer, kennen und ging bald auch bei einigen Hollywoodstars und deren Vermögensverwaltern privat ein und aus. Sie führte das Leben einer Flugente und wusste oft morgens nicht, in welchem Land sie gerade aufgewacht war. Sie hatte mittlerweile die ersten internationalen Aufträge für Personal-Public-Relations-Management erhalten, nachdem sie kurzzeitig in Deutschland die Ehepartnerinnen einiger Prominenter als PR-Beraterin betreut hatte. Es war sehr anstrengend, die Damen wollten nur schwer begreifen, dass es für den Aufbau zu einer eigenen Marke nicht genügt, die Frau eines erfolgreichen Mannes zu sein. Die Ehepartner ihrer Klientinnen hatten ihre helle Freude, für sie wurde das Leben entspannter. Sie sponserten die neuen Aktivitäten der Gattin und erzählten der PR-Beraterin in langen (heimlichen) Telefonaten, wie viel entspannter das Leben zu Hause nun sei, weil die Ehefrau sich endlich auch wahrgenommen fühle und etwas zu tun habe. Oft hatte der Mann gerade den Telefonhörer aufgelegt und die Ehefrau rief an. Diese berichtete ebenfalls vom vergangenen Wochenende und die PR-Beraterin hörte die Geschichten doppelt. Die unterschiedliche Wahrnehmung der prominenten Paare über ein und dasselbe Wochenende amüsierte die junge Frau häufig.

Die internationalen Klienten waren ein anderes Kaliber. Sie machte nie Werbung für ihre kleine PR-Agentur, man hatte irgendwie von ihr gehört und gab ihre Rufnummer oder E-Mail weiter. Die Menschen und Aufträge kamen zu ihr. Ein amerikanischer Klient wollte ein besseres Image in der Öffentlichkeit und vor allem in Europa aufbauen und engagierte sie. Er lebte in einem circa 30-Millionen-Dollar-Anwesen mit zehn Schlafzimmern und jeweils Bädern en suite im Haupthaus, es gab ein Gästehaus, ein Mitarbeiterhaus, eine Sporthalle, Tennisplatz und diverse Pools. Die Nachbarin zur linken Seite war Jennifer Lopez, auf der anderen Seite lebte ein Rapper. Der Mann war Single und sie fragte sich allen Ernstes, was ein Mensch mit so einem riesigen Anwesen wollte. Der Klient jammerte von morgens bis abends, dass es so teuer sei, so ein Anwesen wirtschaftlich zu unterhalten, und die PR-Beraterin fragte ihn, warum er so einen Blödsinn auch mache, nicht einfach alles verkaufe und sich etwas entschieden Kleineres suche. Alleine die Stromkosten für die abendliche Beleuchtung der diversen Häuser, Springbrunnen und Pools lag im fünfstelligen Dollar-Bereich – im Monat. In solchen Momenten kassierte sie einen schrägen Blick von ihrem Klienten, aber im Grunde schätzte er ihre gnadenlos offene und direkte Art. Er wurde öfter zu TV-Auftritten sowohl in Amerika als auch in Europa eingeladen und sie modelte sein Erscheinungsbild um. Sein Maßschneider in London musste ihr vor Auftritten verschiedene neue Anzüge, dazu passende Hemden, Krawatten und Schuhe mailen und sie stellte dann für jeden TV-Auftritt die Garderobe zusammen. Dann wurden die Sachen per Kurier in die USA geschickt. Sie übte mit dem Klienten die Sitzhaltung in einem Sessel, auf dem Stuhl oder einem Sofa (es gibt alle möglichen Sitzgelegenheiten in TV-Sendungen), machte Stimmübungen mit ihm, zeigte ihm in Fotoshootings den richtigen Gesichtsausdruck, unterrichtete ihn in nonverbaler Kommunikation, gewöhnte ihm das Schreien in die TV-Kamera ab, schickte ihn zum Friseur und änderte die Haarfarbe. Sie gingen alle denkbaren Fragen durch und er lernte, viel zu sprechen, wenig zu sagen und auch bei in seinen Augen dämlichen Fragen nicht mehr vor einer Fernsehkamera auszuflippen. Bei seinen TV-Auftritten war nichts mehr dem Zufall überlassen. Seine Sympathiewerte stiegen tatsächlich und er war am Ende am meisten davon überrascht. Es konnte vorkommen, dass sie seit 24 Stunden wieder in Deutschland gelandet war und der Klient ihre Anwesenheit in Amerika einforderte.

»Bist du verrückt, ich bin erst gestern wieder hier ge-
landet, wir haben doch alles in Ruhe für die nächsten
Wochen besprochen. Lass uns skypen«, war dann ihre
Standardantwort.

Manchmal ließ sich der Klient jedoch nicht umstimmen
und blieb hartnäckig, besonders dann, wenn er in einer
depressiven Phase war. Sie war mittlerweile auch sein Life
Coach geworden, also setzte sie sich in den nächsten Flieger und flog zurück. In langen Gesprächen schlug sie ihm
vor, über eine gute Therapie nachzudenken und seinen
Lebensstil zu verändern. Dabei kam häufiger ihre rhei-
nische, unkonventionelle und direkte Art zum Einsatz.

»Was willst du mit dem ganzen Krempel hier eigentlich?
Was fängt ein einzelner Mensch mit zehn Schlafzimmern
an, das ist doch völlig gaga! Wozu brauchst du drei verschiedene Köchinnen und elf Autos in der Einfahrt?«

Sie mochte sein Personal gerne, alles sehr herzliche Menschen, die von ihm oft nicht gut behandelt und selten ge-
würdigt wurden.

»Denk einfach einmal in Ruhe über dich, dein Leben
und darüber nach, ob das alles hier vielleicht damit zusammenhängen könnte, dass du dich einsam, alleine und
traurig fühlst.«

Sie war die Einzige, die so mit ihm sprechen konnte beziehungsweise es einfach tat, alle anderen Mitarbeiter
hatten Angst vor dem Mann. Manchmal, wenn er kurz

davor war, auch sie anzuschreien, dann sagte sie langsam und leise zu ihm:

»Wenn du jetzt gleich laut wirst und mich anbrüllen solltest, dann gehe ich durch dieses Tor dahinten und komme nie wieder zurück.«

Er wusste, dass das ihr Ernst war und riss sich zusammen. Irgendwann begann er tatsächlich mit einer Therapie, verließ sein Anwesen und änderte sein Leben.

Bei einem ihrer Aufenthalte in Los Angeles traf sie mehrere Filmproduzenten, die alle über die gleiche Sache jammerten: Es wurde immer schwieriger, die Filmfinanzierung auf stabile Beine zu stellen. Manche Projekte, wirklich gute Drehbücher, lagen jahrelang in der Schublade, weil die Finanzierung immer wieder zusammenbrach. Schauspieler wurden »on hold« auf diese Projekte gesetzt, sprangen aber natürlich ab, wenn ein anderes Projekt, bei dem sie auch »on hold« waren, sicher finanziert worden war. Das Geschäft mit Filmfinanzierungen war durchaus als bizarr zu bezeichnen, man fragte sich manchmal, wer so alles hinter Filmen steckte. Hollywood strahlte schon immer eine große Faszination auf die Menschen in aller Welt aus und so sprang irgendwann auch ein Sohn von Gaddafi als Filmproduzent in Hollywood herum. Wieder einmal kam ihr die Idee, eine Firma zu gründen, die das Nützliche mit dem Praktischen verbinden konnte, und die Filmproduzenten nickten begeistert mit dem Kopf.

Ihre neue Firma »My Hollywood Production« sollte sich unter anderem um die Filmfinanzierung kümmern. Die

Idee: Vermögende Menschen, die nicht mehr wussten, was sie der Gattin zum Geburtstag oder Hochzeitstag schenken sollten, konnten von nun durch einen sogenannten Producer Credit einen Film mitfinanzieren und die Ehefrau durfte sogar noch in einer kleinen Statistenrolle im Hollywood-Blockbuster mitspielen. Die Medien berichteten sehr erfreulich darüber, denn alle waren überrascht, dass man als reicher aber »normaler« Otto Müller von nun an in Hollywoodfilmen als Produzent »einsteigen« konnte. Drin war, wer Geld brachte – und so kam es, dass sich auch deutsche Schauspieler in Hollywood-Filmproduktionen einkauften, von den Mitgliedern des »echten« Hollywood wurden sie dafür sehr belächelt.

Sie hatte einer sozialen Organisation in New York zugesagt, die ein oder andere Charity-Auktion mit einem hochkarätigen Weltstar für ein großes Wohltätigkeitsdinner während der Filmfestspiele in Cannes zu organisieren, und so kam sie in den zweifelhaften Genuss, mit einem *der* Produzenten Hollywoods, Harvey Weinstein, aneinanderzugeraten. Die Charity-Organisation wollte – fair genug – sie und ihre Firma in Hollywood als Dank für ihr Pro-bono-Engagement im Programmheft präsentieren, doch da hatten sie die Rechnung ohne Mr. Weinstein gemacht. Er unterstützte die Organisation jährlich mit Millionen Dollar an Spenden, war entsprechend machtvoll und wollte viele Aktionen der Charity-Organisation vorab vorgelegt bekommen, um diese abzusegnen.

»Who the f... is My Hollywood Production?«, schrie er

laut auf, als er den Anzeigenentwurf im Programmheft zu sehen bekam.

Die Organisation übermittelte der PR-Beraterin kleinlaut, aber voller Details den Wutausbruch von Mr. Weinstein. Wie konnte die deutsche Frau es wagen, ihre kleine Schrott-Firma My Hollywood Production zu nennen? Sie hatte Weinstein bereits auf der ein oder anderen Party gesehen und konnte keinerlei Sympathie für den Mann aufbringen. Später fragte sie sich oft, warum so viele Menschen so lange sein bekanntes, falsches und widerwärtiges Spiel mitgemacht hatten.

»Who the f… is Mr. Weinstein?«, antwortete die PR-Beraterin.

»Wenn ihr den Anzeigenentwurf ändert, ist die Auktion mit meinem Klienten gestorben. Eure Entscheidung.«

Sie wusste, dass die Organisation unbedingt den Star, der sehr scheu und nur widerwillig außerhalb seiner beruflichen Projekte dazu zu bewegen war, sich in der Öffentlichkeit zu zeigen, als neuen Botschafter gewinnen wollte. Das war ihr Joker.

Zu ihrer Überraschung lenkte Weinstein ein. Das Programmheft wurde gedruckt wie beabsichtigt, die Charity-Auktion lief glatt an dem Abend live über die Bühne und brachte circa 120.000 Euro für den guten Zweck ein. Weinstein und sie würdigten sich keines Blickes und sie dachte sich insgeheim, dass eines Tages sein Stündlein schlagen würde. Sie sollte recht behalten.

Die Jahre vergingen wie im Flug, im wahrsten Sinne des Wortes. Sie war nur unterwegs und arbeitete wie eine Verrückte. Da sie sehr leicht Zugang zu anderen Menschen fand, erweiterte sich ihr Kontaktnetzwerk mit Stars, Politikern und Unternehmern beinahe täglich. Sie saß permanent entweder bei Preisverleihungen wie den Golden Globes, Oscar-Partys, Charity-Dinnern oder Gala-Abenden, denn ein PR-Berater ohne Kontakte kann einpacken. Sie erkannte auch nach Jahren Gesichter sofort wieder und wusste, wo man sich das erste Mal getroffen hatte, ein immer wieder gern genommener Einstieg in ein Gespräch. Ihre deutsch-österreichische Herkunft hatte ihr zudem einen Humor der besonderen Art beschert, ihre Sprüche waren bekannt und nicht immer beliebt. Als sie zum Beispiel auf einer Wirtschaftskonferenz dem Chef eines großen, sehr bekannten Weingutes vorgestellt wurde, reichte sie dem Unternehmer die Hand und sagte:

»Es freut mich, Sie kennenzulernen, endlich ein Gesicht zur Flasche.«

Sie war wie so häufig die einzige Frau in der Gesprächsrunde und die Herren schwiegen leicht pikiert nach diesem Spruch. Nur der CEO des Weingroßhandels lachte laut auf und hatte seinen Spaß. Sie war Mitglied eines Systems beziehungsweise einer Industrie geworden und schwamm mit. Dennoch blieb sie, wie häufig in ihrem Leben, eine Außenseiterin und viele Menschen konnten sie nicht einschätzen. Manche nannten sie »the skinny scary german blond«. Sie trank kaum Alkohol, nahm nie Drogen oder sonstige angesagte Substanzen, war nie auf Diät und verschloss sich auch vollkommen dem allgemein verordneten Botox-Wahn oder Schönheitsoperationen. Sprach man sie auf ihre deutlich sichtbaren Stirnfalten an, dann antwortete sie:

»Weißt du, wenn wir beide irgendwann einmal an die Tür eines Krematoriums klopfen, dann kann ich mir einfach nicht vorstellen, dass du mit glatt getackerter Stirn und deinen Hamsterbäckchen bessere Karten hast als ich. Ich glaube an andere Werte im Leben.«

Meistens erntete sie dafür einen wütenden Blick und es wurde sofort das Thema gewechselt. Sie war stets eine Beobachterin und Zuhörerin und ging aus beruflichen Gründen zu vielen Events, obwohl sie persönlich davon schnell gelangweilt war. Einer der erfolgreichsten Musikproduzenten der Welt, Quincy Jones, mit dem sie auf einigen Partys gefeiert hatte, sagte einmal zu ihr:

»You are real, never change.«

Sie verstand erst später in ihrem Leben, was er damit meinte.

Die Golden Globes, bei denen sie häufiger zu Gast war, beschrieb sie immer als einen großen Kindergeburtstag. Nett, fröhlich, sehr unterhaltsam und professionell feierte dort der innere Zirkel von Hollywood sich selbst und viele der Anwesenden waren in der Tat nicht erwachsen geworden, Manager und Filmstudios steuerten die Karrieren und das Leben der Stars. Drin war, wer mitspielte. Wer die Branche oder machtvolle Akteure kritisierte, fiel in Ungnade und konnte Burger braten gehen. Auf der einen Seite schätzte sie die Zusammenarbeit mit Hollywoodstars, von denen viele wirklich sehr professionell und auf den Punkt ihren Job erledigten. Auf der anderen Seite konnten sie unberechenbar sein. Eine ihrer amerikanischen Klientinnen wollte einen Auftritt in Europa platzen lassen, weil am Morgen des Abreisetages die Katze Durchfall hatte. Das ist kein Scherz. Gott sei Dank lag ein Tag »Puffer« zwischen Abreise und Auftritt und die PR-Beraterin konnte die Schauspielerin nur unter Aufbringung allergrößter Geduld dazu bringen, einige Stunden später in einen anderen Flieger zu steigen. Alles musste kostenaufwendig umgebucht werden und es hieß zittern bis zur letzten Minute, ob die Dame auch wirklich in den neu gebuchten Flieger einstieg. Mittlerweile bekam man auch in Europa mehr und mehr mit, dass sie viel in der Welt unterwegs war und offensichtlich über Kontakte zu interessanten Persönlichkeiten verfügte. Die Anfragen waren teilweise von besonderer Art, sie organisierte manchmal auch Hochzeiten von prominenten Paaren und sorgte für eine gut gefüllte Gästeliste.

»Warum ist denn dieser Schauspieler euer Trauzeuge, ich wusste gar nicht, dass ihr so gut befreundet seid?«, fragte sie eines Tages ihren Auftraggeber, den Bräutigam.

»Ach, wir mögen den eigentlich auch gar nicht so besonders, aber wenn wir den als Trauzeugen nehmen, dann stehen wir auf jeden Fall in der Presse, und das ist das Wichtigste.«

Seine Berechnung von Medienauftritten kannte keine Grenzen.

Sie übernahm eine Zeit lang das persönliche PR-Management für einen Länderchef von Microsoft und erhielt einige Einblicke über die internen Abläufe der Firma. Das oberste Motto lautete, »modernste Arbeitsplätze und ein ganz tolles, entspanntes und vor allem visionäres Miteinander« nach außen zu verkaufen. Intern sah es völlig anders aus, es kamen Presseberichte von Schmiergeldzahlungen seitens Microsoft an ausländische Regierungen auf, um an Software-Verträge zu kommen. Auch der Gründer der Firma, Bill Gates, kam selten gut bei internen Gesprächen über ihn weg, sie fand es daher interessant, dass sie sich auf dem Weltwirtschaftsgipfel in Davos einen eigenen Eindruck von dem Mann verschaffen konnte. Sie war zu einem persönlichen Abend mit Bill Gates eingeladen und mit ihr noch circa 80 andere auserwählte Menschen wie zum Beispiel das Kronprinzenpaar aus Norwegen, Haakon und Mette-Marit. Der Gastgeber hielt im wahren Sinne des Wortes hoheitsvoll Hof, das Volk huldigte ihm und hing fasziniert an seinen Lippen. Die PR-Beraterin fröstelte es in dieser vollkommen empathiefreien Zone und sie überlegte, ob es sich bei dem Unternehmer noch um einen Menschen, schon um eine Maschine oder um eine Mischung aus beidem handelte, in seinen Augen fand sie keinerlei Leben. Sie war froh, als der Abend vorbei war. Bei Veranstaltungen wie diesen ging es bei den meisten Menschen in erster Linie um die Erhöhung der eigenen Bedeutung sowie die Anhäufung von Macht und Geld. Sie erinnerte sich daran, dass sie als Studentin den Beruf der Scheidungsanwältin nicht ergreifen wollte, weil sie nicht von Streithälsen und dem Kampf ums Geld umgeben sein wollte. Hier war es jedoch nicht anders und sie spürte immer mehr, dass sie etwas an ihrem beruflichen Umfeld verändern musste.

XI

Sie trennte stets Beruf und Privates und es gab nur wenige Stars, mit denen sie privat befreundet war. Irgendwann in diesen ganzen Jahren hatte sie Peter kennengelernt, einer, wenn nicht *der* berühmteste Schwarzweiß-Portrait- und Fashionfotograf der Welt. Obwohl auch er Mitglied in der Entertainment- und Scheinwelt-Industrie war, hatte er für sich einen Weg gefunden, die Dinge von außen und mit Abstand zu betrachten. Er war wie sie in vielerlei Hinsicht ein Außenseiter geblieben, ging nie zu Partys oder Gala-Events und blieb lieber bei seiner Familie zu Hause in Paris. Wie viele große Künstler so lebte auch Peter in seiner eigenen Welt, aus seinem Atelier war er nur schwer herauszubekommen. Er bewohnte mit seiner Frau Petra und dem gemeinsamen Sohn ein wunderschönes Stadtpalais im Stadtteil Saint Germain, das sich über mehrere Etagen erstreckte. Treffpunkt war stets die Küche mit dem großen Esstisch, dort saßen Stars aus der ganzen Welt, doch dort, an diesem Tisch, da waren sie alle einfach Menschen. Wenn man Peter fragte, was er denn am Abend essen wolle, dann antwortete er:

»Och, nix Besonderes. Vielleicht kocht meine liebe Frau ja ein Curry? Oder wir holen uns etwas bei dem Libanesen um die Ecke, weißt du, diese leckeren gefüllten Fladen, das wäre doch etwas.«

Wie in der Fotografie, so liebte er auch beim Essen das Schlichte, Einfache und Pure. Wenn man ihn rief, weil das Essen fertig war, dann kam er und sagte:

»Ja prima, meine Damen, vielen Dank. Aber ich habe nicht viel Zeit, ich muss noch einiges im Studio bearbeiten.«

Meistens saß er drei Stunden später immer noch am Tisch, weil man in der Unterhaltung doch wieder das halbe Weltgeschehen analysieren musste, wie zum Beispiel die Lichtverhältnisse bei der Mondlandung. Irgendwann sprang er auf und fluchte im gespielten Zorn:

»So ein Mist, jetzt habe ich doch wieder hier so lange mit euch gesessen und gequatscht, aber jetzt ist Schluss, ich muss jetzt wirklich ins Atelier, es ist ja schon nach Mitternacht.«

Er arbeitete die Nächte in der Regel durch, weil es da so schön ruhig im Haus war, das Telefon nicht klingelte und niemand etwas von ihm wollte. Gegen fünf Uhr morgens ging er zu Bett und nach nur vier Stunden Schlaf saß er wieder am Schreibtisch, vor sich Tausende von Fotografien, die es zu sichten galt. Wenn sie sich verabschiedeten, dann sagte Peter immer:

»So schön, dass du da warst. Komm bald wieder.«

Peter und seine Frau hießen sie immer in ihren Häusern herzlich willkommen. Manchmal, wenn sie zu dritt am Abend zum Essen gingen und auf Bekannte oder Fans von Peter trafen, dann erlaubte er sich einen kleinen Scherz:

»Darf ich vorstellen, meine Frau und meine Freundin.«

Wenn er dann die irritierten Gesichter der Menschen sah, war das eine einzige Freude für ihn, sein Humor war wunderbar.

Petra, nicht nur Köchin, sondern auch Fotografin wie ihr Mann, und sie freundeten sich ebenfalls an. Die beiden Frauen gingen für Charity-Organisationen auf Foto-Projektreisen. Die erste Reise führte sie in die Favelas von Sao Paulo nach Brasilien. Peter amüsierte sich vor der Abreise über die Unbekümmertheit der beiden Damen, beide waren von sehr unerschrockener Natur und kannten keine Angst, sie wären auch in Kriegsgebiete zur fotografischen Dokumentation gereist.

»Achtung, Brasilien, aufgepasst. Zwei Blondinen mit mehreren Tausend Euro teuren Kameras und verschiedenen Kreditkarten sind ab nächster Woche bei euch in den Favelas unterwegs.«

Dann lachte er sein heiseres, leicht krächzendes Lachen, wie nur er es hatte. Wirklich zum Lachen fand er diese Reisen nicht immer, er regte sich darüber auf, dass die Charity-Organisationen keinen Begleitschutz für die Damen abstellten, und hatte Sorgen, dass den Frauen etwas passieren könnte.

»Aber was mische ich mich eigentlich ein, ihr macht ja doch, was ihr wollt«, sagte er.

Womit er recht hatte. Die Reisenden blieben immer gelassen und so, wie sie die Dinge angingen, verliefen die Reisen auch: entspannt. Sie wurden überall freundlich empfangen, lernten tolle Menschen und interessante Projekte kennen. Petra schoss Tausende von Aufnahmen, während die andere Blondine Back-up-Fotos machte und nach dem nächsten Motiv Ausschau hielt. Dann kam die Anfrage für ein besonderes Shooting, sie sollten den ehemaligen US-Präsidenten Barack Obama für eine Charity-Organisation in Namibia fotografieren und Peter zeigte sich beeindruckt.

»Also, so ein Mist, den habe selbst ich noch nicht fotografiert«, spielte er kurz den Entrüsteten.

Die beiden Damen machten sich auf die Reise nach Kenia und erlebten einen Tag lang einen Hype der besonderen Art. Sie hatten zunächst Mühe, Barack Obama vor lauter Secret-Service-Leuten überhaupt zu sehen. Alles wurde streng bewacht und es gab mehrere Sicherheitskontrollen. Obama gab sich freundlich, professionell zugewandt und lächelte auf Knopfdruck. Seiner Bedeutung schien er sich durchaus bewusst zu sein. Die PR-Managerin in ihr dachte, dass der Mann sehr gut in der Rolle war, die er spielte, aber als Mensch fragte sie sich, was an ihm wirklich echt war. Später las sie in der Frankfurter Allgemeinen Zeitung (Online-Fassung vom 31. Mai 2015) einen Artikel über Barack Obama mit der Überschrift »Im Widerspruch zwischen Pose und Persönlichkeit«, der ihre Gedanken über Obama recht gut zusammenfasste. Ein Auszug aus dem Artikel:

»Die Terrorgruppe ›Islamischer Staat‹ hatte gerade das Video veröffentlicht, das die Enthauptung des entführten amerikanischen Journalisten James Foley zeigte, und die Vereinigten Staaten standen unter Schock. Barack Obama, der sich in den Sommerferien auf Martha's Vineyard befand, gab eine Pressekonferenz und stand in dunklem Sakko mit offenem Hemd vor einem blauen Vorhang und sagte genau das, was die fassungslosen Amerikaner in diesem Moment von ihrem Präsidenten hören wollten. Er fand, wie so oft, die richtigen Worte und traf den richtigen Ton: Mitgefühl für das Opfer und die Angehörigen sowie eine entschlossene Kampfansage an die Täter. Obamas Mienenspiel zeigte, wie sehr ihm die Sache offenbar zu Herzen gegangen war: Er sah tief bestürzt aus. Gäbe es Schulnoten für präsidentielle Statements in nationalen Notlagen, hätte Obama sich an diesem Tag eine Eins plus verdient. Besser kann man's nicht machen.

Doch nach der Live-Übertragung erlebten die Journalisten am Urlaubsort in Massachusetts einen anderen Obama. Er warf das dunkle Sakko einem Berater zu, ließ sich mit der Limousine auf den Golfplatz fahren und stand schon eine Viertelstunde nach der Trauerrede gut gelaunt und laut lachend am Abschlag von Loch 1. Vier Stunden verbrachte er an diesem Tag auf dem Golfplatz. Bei gelungenen Schlägen führte er kleine Freudentänze mit geballter Faust auf. Als das Abendfernsehen später die Bilder zeigte, ging noch einmal eine Schockwelle durchs Land: Was ist das eigentlich für ein Präsident?«

Sie hatte neben Barack Obama auch Bill Clinton persönlich getroffen, der ebenso gut in seiner Rolle war. Wenn sie diese beiden US-Präsidenten mit Präsident Donald

Trump (den sie nicht persönlich getroffen hatte und nur aus Fernsehübertragungen einschätzen konnte) verglich, dann dachte sie sich, dass Clinton und Obama aus PR-Perspektive ein Geschenk waren: gut aussehend, charmant und charismatisch. Trump hingegen hatte nicht nur optisch erheblich schlechtere Karten, sondern benahm sich im Außen stets so, wie er im Inneren tickte. Was war besser? Sie erinnerte sich an eine Konversation, die sie vor einigen Jahren mit Professor Reinhard Haller in Wien geführt hatte und an sein Buch »Die Narzissmusfalle«. Darin beschreibt er:

»Tatsächlich sind verschiedene Persönlichkeitseigenschaften bei Führungspersönlichkeiten (zählen wir Politiker einmal zu diesem Personenkreis) und großen Verbrechern in ähnlicher Weise zu finden – oberflächlicher Charme, übersteigertes Selbstwertgefühl, manipulative Fähigkeit, fehlende Empathie, Selbstüberschätzung, oberflächliche Gefühle und geringe Bindungsfähigkeit – all diese Eigenschaften können Karrieren zunächst begünstigen (nachzulesen in: Reinhard Haller, »Die Narzissmusfalle«, 2013, 149 ff.).

Viele Begegnungen mit Politikern, Führungskräften und Unternehmern, die sie in rund 30 Berufsjahren hatte, haben diese Einschätzung bestätigt.

Peter hatte ein wunderschönes Landhaus in der Camargue, er liebte dieses Fleckchen Erde und besonders das Meer dort sehr. Wenn seine ganzen Kinder und Enkelkinder zu einem großen Picknick am Strand zusammenkamen, dann war er glücklich. An einem Spätsommertag saßen Peter und sie in zwei Campingstühlen nebeneinander im Sand und blickten schweigend aufs Meer, während die Großfamilie das Mittagessen vorbereitete.

»Ich bin müde«, sagte er auf einmal.

Sie blickte ihn von der Seite an und drückte seine Hand.

»Ich weiß. Es wird bald Zeit zu gehen.«

Er nickte. Sie sah den Tod in seinen Augen, wie sie es seit dem Tod von Mutter Sigrid immer den Menschen ansah, wenn ihre Zeit gekommen war.

»Weißt du, was verrückt ist, dass ich immer noch diese Angst habe zu scheitern. Bei jedem neuen Projekt stehe ich vor einem großen Berg«, sagte er.

»Und dabei hast du bereits so viele Male bewiesen, was für ein großer Künstler du bist«, antwortete sie.

»Hast du das nicht, Angst vor neuen Projekten?«, fragte er sie.

Sie schüttelte mit dem Kopf.

»Früher ja, aber heute nicht mehr. Weißt du, ich gebe immer mein Bestes, mehr geht einfach nicht. Wenn das nicht genügt, dann muss ich das akzeptieren, aber ich kann es nicht ändern. Diese Verbissenheit und Angst vor dem Scheitern ist irgendwann verflogen.«

Er blickte weiter schweigend aufs Meer.

»Darum beneide ich dich, das habe ich nie geschafft«, sagte er.

»Deshalb bist du ja auch der große Künstler und nicht ich, wahre Künstler hadern mit sich und ihrer Kunst. Komm, gehen wir, das Essen ist bestimmt fertig«, erwiderte sie lächelnd.

Am Tag von Peters Beisetzung in der Kirche Saint-Sulpice in Paris, da weinte der Himmel in einen grauen, kalten Tag, wie konnte es auch anders sein. Die Kirche war bis auf den letzten Platz besetzt. Schräg vor ihr nahmen die Chefredakteurin der amerikanischen Vogue, Anna Wintour, und Hollywood-Schauspieler Bradley Cooper Platz, man nickte einander freundlich zu. Paolo, einer der ältesten und liebsten Freunde von Peter, hielt mit tränenerstickter Stimme eine herzzerreißende Trauerrede auf den Freund, der nun, nach über vier Jahrzehnten Freundschaft, einfach gegangen war. Sie hatte selten einen Mann so untröstlich gesehen. So wie Paolo fühlten alle Trauergäste und es flossen viele Tränen.

Peter hatte sich davongeschlichen, klammheimlich, still und leise. Ohne Aufsehen. Genauso, wie er gelebt hatte. Wenige Monate nach seinem Tod wurde in Düsseldorf seine letzte Ausstellung eröffnet. Vor der offiziellen Eröffnungsfeier ging die Familie mit engen Freunden am Nachmittag durch die Ausstellung. Der jüngste Sohn von Peter hakte sich auf einmal bei ihr unter und gemeinsam betrachteten sie das Werk des Vaters und seine ganz besondere Sicht auf die Welt und die Menschen.

»Erzähl mir, wie du damals gefühlt hast, als deine Mama gestorben ist«, bat sie der Junge.

Sie schlenderten langsam durch die Ausstellung, blieben vor jedem Bild lange stehen und sie erzählte, wie es ihr damals nach dem Tod ihrer Mutter ergangen war und mit welchen Gefühlen sie gekämpft hatte. Er hörte ihr aufmerksam zu und schließlich umarmte er sie lange.

Möge Peter Freude haben an dem Ort, an dem er jetzt weilt.

XII

Irgendwo hatte sie einmal den Spruch gelesen, dass jede Begegnung im Leben mit einem Menschen entweder ein Test, eine Strafe oder ein Geschenk ist. Sie ergänzte für sich persönlich, dass manche Begegnungen alle drei Tatbestände erfüllten. Als sie einander begegneten, da glaubte sie seinen Erzählungen, dass er dabei war, sich von seiner Frau zu trennen. Er war Kinderarzt in einer Klinik und wenn sie später beschreiben sollte, was sie zu diesem Mann hingezogen hatte, dann fiel ihr das nicht leicht. Vielleicht ahnte sie auch im Unterbewusstsein, dass er sie von Anfang an belogen hatte. Denn es gab nicht nur seine Ehefrau, sondern auch, wie er ihr nach einigen Wochen mitteilte, eine langjährige Affäre mit einer ebenfalls verheirateten Kollegin, die er als die Liebe seines Lebens bezeichnete. Doch da war das Unvorstellbare bereits passiert, trotz ihres fortgeschrittenen Alters war sie mit Mitte vierzig schwanger geworden. Sie freute sich auf ihre Tochter und war davon überzeugt, dass sie beide auch alleine ein wunderbares Team werden würden. Dem werdenden Vater bot sie an, die Rolle bei seinem Kind so zu übernehmen, dass er sich wohl damit fühlte. Sie verlangte nichts von ihm. Ihre Altbauwohnung war groß genug, hatte genügend Platz für zwei fidele Damen und ihre beiden Kater würden hervorragende Spielkameraden für die Kleine werden. Sie sollte Johanna heißen.

Die Schmerzen waren unerträglich und als das Blut an ihren Beinen herunterlief, da wusste sie, dass sie eine Fehlgeburt erlitten hatte. Den Mann schien das nicht weiter zu interessieren, denn er fuhr mit seiner Frau in den Sommerurlaub und überließ sie ihrem Schicksal. Sie hörte nichts mehr von ihm. Sie bat Brudermann, auf die beiden Kater aufzupassen und fuhr für eine Zeit lang ans Meer nach Italien. Sie schlief viel, schwamm in ihrem geliebten Meer und fasste den Entschluss, sich nun noch intensiver mit der Aufarbeitung ihrer Lebensgeschichte zu beschäftigen. Das tat sie nach ihrer Rückkehr und empfand dies als etwas sehr Wohltuendes. Ein Jahr später wartete erneut eine Prüfung auf sie.

Sie war wie so häufig in Eile und auf dem Weg zu einem Meeting mit einem ihrer Auftraggeber. Auf den Holzstufen im Treppenhaus lag ein alter Teppichboden und offensichtlich war einer ihrer hohen Absätze an einem Stück Teppich hängengeblieben. Sie fiel neun Stufen im Treppenhaus herunter und schlug mit dem Kopf gegen eine Betonwand, im Kopf gab es eine Art Knall und etwas knackte fürchterlich. Oberhalb von ihr schrie eine Nachbarin auf, die offensichtlich kurz hinter ihr unterwegs war.

»Das war's«, dachte sie sich und fühlte sich wie in eine Art Tunnel hineingezogen.

Sie hatte das Gefühl, leichter zu werden und war ganz ruhig. Doch auf einmal war sie schlagartig wieder da. Die Nachbarin schrie immer noch und fragte völlig schockiert, was sie denn tun sollte.

»Rufen Sie den Notarzt«, sagte die Verletzte leise.

Sie lag vollkommen verdreht über drei Stufen und versuchte, ihre Gedanken zu ordnen. Ihr Schädel pochte, aber sonst spürte sie nichts. Ihre Nachbarin redete unaufhörlich auf sie ein, sie stand wohl selbst unter Schock. Auf einmal hörte sie die Sirenen des Notarztes und schon standen zwei Menschen in weißen Kitteln um sie herum.

»Können Sie sprechen, hören Sie uns, haben Sie Schmerzen, spüren Sie ihre Hände und Füße?«, fragte sie der Notarzt.

Eine Assistentin drehte sie ganz langsam so in eine Position, dass man ihr ein Wirbelsäulenkorsett anlegen konnte und sie auf eine Bahre legte. Dann ging es in die Klinik. Sie war bei vollem Bewusstsein und klärte den Notarzt über ihre Schädelerkrankungen auf.

»Ach du Scheiße, sie muss sofort in ein MRT, größte Gefahr für eine erneute Gehirnblutung.«

Er unterrichte die Klinik telefonisch während der irren Fahrt durch die Stadt über die neue Patientin und als sie am Krankenhaus ankamen, standen dort bereits zwei Menschen, um sie in Empfang zu nehmen.

»Los, Beeilung, jede Minute zählt. Verdacht auf Gehirnblutung, Patientin hat Vorerkrankungen am Kopf und hatte vor Jahren bereits eine Blutung.«

Sie wurde in Windeseile umgebettet und wunderte sich, wie schnell man mit einer Liege, auf der ein Mensch liegt, durch eine Klinik rasen kann. Der Schädel pochte, aber sie fand es zum Aushalten, und auch sonst spürte sie nach wie vor keine Schmerzen. Sie hatte in ihrem Leben bereits eine Vielzahl von Untersuchungen in einem MRT über sich ergehen lassen müssen und konnte der engen Röhre nicht viel abgewinnen, aber sie war an das Klopfen und Hämmern des Gerätes während der Untersuchung gewöhnt. Nach der Untersuchung trat ein Arzt an ihre Untersuchungsliege.

»Ich denke, Sie haben unfassbares Glück gehabt. Es sieht bisher ruhig aus, aber wir müssen die nächsten 24 Stunden abwarten. Es hat sich jedoch eine Menge Blut in der Stirnhöhle gesammelt, aber damit werden Sie fertig werden. Es wird nur eine ganze Zeit dauern, das baut sich nach und nach wieder ab. Wir müssen als Nächstes ihre Wirbelsäule abklären, Sie werden jetzt zum Röntgen gefahren.«

Nach der Röntgenuntersuchung ließ man sie eine Zeit lang auf der Liege am Ende des Flurs stehen. Das Korsett war extrem unangenehm, sie konnte den Kopf nicht bewegen, spürte aber deutlich ihre Füße und Hände. Sie starrte an die Flurdecke und dachte darüber nach, wozu dieses Erlebnis nun wieder gut sein sollte. Wie häufig in ihrem Leben hatte sie sich nach heftigen Einschüssen wieder berappelt und war weitermarschiert, sie konnte es bald nicht mehr zählen. Aber offensichtlich hatte sie immer noch nicht genügend gelernt. Auf einmal trat ein Arzt an ihre Liege.

»Es tut mir sehr leid, aber wir müssen Sie noch einmal untersuchen. Ein Wirbel könnte angebrochen sein, aber die Aufnahme ist nicht akkurat genug, um das abschließend beurteilen zu können. Sie müssen noch einmal zur Röntgenuntersuchung.«

»Wollen Sie mich auf den Arm nehmen? Ich liege jetzt hier schon seit Stunden auf dem Flur herum und jetzt noch einmal röntgen?«

Der Arzt tätschelte ihr den Arm.

»Ich weiß, aber es ist leider nicht zu ändern.«

Nach der zweiten Röntgenrunde schob man sie wieder auf den Flur und sie setzte ihre Überlegungen zum Sinn und Unsinn ihres Lebens fort. Egal wie diese Sache hier ausgehen würde, sie hatte keine Lust mehr, das persönliche PR-Kindermädchen von Prominenten oder schlecht gelaunten Unternehmern zu sein. Sie erinnerte sich an einen Firmeninhaber aus der Schweiz, der sie als PR-Frau engagieren wollte, weil er mit einem berühmten Rennfahrer (der Mann hielt sich selbst für einen grandiosen, aber leider verkannten Autorennfahrer) in Fernsehshows auftreten wollte. In einem anderen Fall kontaktierte eine bekannte Unternehmerin sie, weil die Frau unbedingt Preise für ihr wohltätiges Engagement gewinnen wollte, koste es, was es wolle. Auch Anwaltskanzleien zeigten sich ihren PR-Diensten gegenüber aufgeschlossen, in einem Fall sollte nach außen das Bild vermittelt werden, dass die Kanzlei in Hollywood ein Büro habe und erfolgreich dort mit Stars zusammenarbeitete, obwohl nichts von dem der Wahrheit entsprach. Sie beschloss, diese Aufträge der Reihe nach zu den Akten zu legen und um solche Anfragen in Zukunft einen großen Bogen zu machen.

»Sie haben wirklich unfassbares Glück gehabt, es ist nichts gebrochen. Ich kann Sie jetzt endlich aus dem Korsett entlassen«, sagte der Arzt, als er erneut an ihre Liege trat.

»Sie sind einfach zu gut zu mir«, sagte sie und richtete sich mit seiner Hilfe vorsichtig auf der Liege auf.

Die Dinge drehten sich ein wenig und sie beschloss, es sich doch weiter im Liegen bequem zu machen.

»Wir machen noch ein paar schnelle Tests mit Ihnen und dann lasse ich Sie auf Ihr Zimmer bringen, versuchen Sie zu schlafen, Sie brauchen sehr viel Ruhe. Wir werden Sie stündlich kontrollieren, an ein Gerät anschließen und Ihnen Infusionen geben, wir müssen im Hinblick auf eine mögliche Gehirnblutung sehr vorsichtig sein.«

Als man sie endlich auf ihr Zimmer gebracht hatte, war sie froh, einfach ihre Ruhe zu haben. Der Kopf hämmerte weiter ein bisschen vor sich hin und die blauen Flecken an der Schulter und am rechten Bein schmerzten etwas, aber alles in allem war es gut auszuhalten. Jeder Pfleger, der ihr Zimmer betrat, zuckte erschrocken zusammen, wenn er sie sah, ihr Gesicht musste wohl ziemlich übel aussehen.

»Wann kommt denn Ihr Mann und bringt Ihnen die Sachen für die Nacht«, fragte einer von ihnen besorgt.

»Welcher Mann? Welche Sachen? Junger Mann, ich lebe alleine und hier taucht heute niemand mehr auf, Mutti wird die Nacht wohl so herumbringen müssen.«

Dem Pfleger fiel vor lauter Lachen die Pflasterschachtel aus der Hand.

»Also, das ist ja eigentlich nicht zum Lachen«, entschuldigte sich der junge Mann und zuckte verlegen mit den Schultern.

»Entspannen Sie sich, alles gut. Meine Haushälterin ist im Urlaub, mein Ex-Mann lebt woanders, meine Nachbarin kommt erst morgen aus dem Urlaub zurück und sonst hat niemand einen Schlüssel, also ist es so, wie es ist. Gott sei Dank haben meine Kater genug Futter und Wasser bis morgen dastehen. Kein Grund für ein schlechtes Gewissen. Diese Situation hat mich schon wieder auf eine neue Geschäftsidee gebracht.«

In der Tat war ihr, als sie stundenlang auf der Liege im Krankenhausflur lag, die Idee gekommen, eine Art »first night bag« für Krankenhäuser zu entwickeln. Sie war mit Sicherheit nicht der einzige Single, der in so eine Situation geraten konnte. Aber zunächst galt es, wieder auf die Beine zu kommen, und sie schob die Idee zur Seite. Außerdem hatte sie nach einem völlig sinnbefreiten Ausflug in die Modewelt für lange Zeit die Nase voll von neuen Unternehmungen. Schuld daran war ihr damaliger Geschäftspartner, der leider mit psychopathischen Persönlichkeitsmerkmalen ausgestattet war. Obwohl ihre Kleiderkollektion bereits nach sehr kurzer Zeit für große Aufmerksamkeit gesorgt hatte und von vielen Prominenten gerne getragen wurde, war der Mann erbost, dass das kleine Label nach sechs Monaten noch keinen Gewinn abwarf, sondern viel Geld kostete. Sie beriet sich unter anderem mit dem Vorstandsvorsitzenden eines großen deutschen Modekonzerns, der sie dazu ermunterte, als exklusives Label im hochpreisigen Segment »Handmade in Germany« weiterzumachen und sich auf die individuellen Wünsche der Kundinnen zu spezialisieren. Doch die Zeit drängte und so schnell fand sich kein neuer Investor, der Modemarkt galt als zu »verbrannt«. Sie hatte zu spät verstanden, dass ihr Geschäftspartner leider nicht der erwartete smarte Geschäftsmann mit wirtschaftlichem Verstand war, sondern einfach durch sein väterliches Erbe viel Geld besaß und sich offensichtlich gerne mit Models umgab. Schließlich einigte sie sich mit ihm auf einen Vergleich, der sie sehr viel Geld und Nerven kostete, und beendete ihren Ausflug in die Modewelt.

Nachdem der Krankenpfleger sie so weit für die Nacht versorgt hatte und sie gerade dabei war, einzuschlafen, ging die Tür erneut auf und der Chefarzt stand im Türrahmen.

»Wie geht es Ihnen?«, fragte er und setzte sich an ihr Bettende.

»Außer dem angeborenen Dachschaden sind offensichtlich keine weiteren bleibenden Schäden feststellbar«, antwortete sie.

Er lachte laut auf.

»Ich habe schon gehört, dass Sie eine Entertainerin sind, Sie sorgen hier auf der Station bereits für Gesprächsstoff.«

»Es freut mich immer, wenn ich zur Unterhaltung der Menschen beitragen kann, das Leben kann schließlich herausfordernd genug sein.«

»Ihr Gesicht sieht wirklich schlimm aus, bitte schauen Sie in den nächsten Tagen nicht in einen Spiegel. Aber ich verspreche Ihnen, das wird alles wieder. Das gesamte Blut aus der Stirnhöhle wird sich in den nächsten Wochen langsam nach unten abbauen. Ein Schädelknochen steht an ihrer linken Schläfe leicht vor, aber das sieht man nicht durch Ihre Haare. Wir müssen jetzt bis morgen Abend einfach abwarten, ob der Kopf weiter ruhig bleibt. Versuchen Sie zu schlafen. Sie haben wirklich unglaubliches Glück gehabt, dass Sie das ohne bleibende Schäden überlebt haben. Sie müssen wirklich einen guten Schutzengel haben. Ich wünsche Ihnen eine gute Nacht.«

Als sie am nächsten Morgen erwachte, bewegte sie sich ganz langsam aus dem Bett heraus und ging ins Badezimmer. Heiliger Bimbam, sie sah WIRKLICH übel aus, sie erkannte sich kaum wieder. Das ganze Gesicht war verquollen und schillerte in allen möglichen Farben.

Die Stirn hingegen war auf einmal völlig faltenfrei, das ganze Blut drückte von innen die Falten weg. Ob sich so eine Botox-Injektion anfühlte? Sie musste grinsen, als sie zurück zum Bett schlurfte, endlich hatte auch sie keine Stirnfalten mehr. Der Körper schmerzte an der ein oder anderen Stelle, aber sie fand das nicht weiter schlimm. Der Kopf dröhnte etwas, blieb aber ansonsten den ganzen Tag über bis zum Abend ruhig. Die Gefahr einer weiteren Gehirnblutung war damit so gut wie gebannt. Nach einer weiteren ruhigen Nacht beschloss sie, das Krankenhaus zu verlassen, sie hatte die Nase voll. Als der Chefarzt mit seinem Gefolge zur Visite kam, teilte sie ihm ihren Entschluss mit.

»Das können Sie vergessen, Sie werden uns noch einige Tage erhalten bleiben«, sagte er.

»Kommt nicht infrage. Machen Sie den Wisch fertig, ich unterschreibe und checke aus. Erholen kann ich mich auch zu Hause«, antwortete sie.

Er schaute sie einige Minuten an und schüttelte den Kopf.

»Sie meinen das wirklich ernst, oder?«

»Absolut, diskutieren Sie nicht mit mir, Sie haben genügend andere Sachen zu tun.«

»Stimmt, diskutiere nie mit Juristen, habe ich schon gehört«, antwortete er und lächelte.

»Richtig erkannt«, sagte sie.

»Wer passt denn zu Hause auf Sie auf?«, fragte er. »Sie können unter gar keinen Umständen alleine bleiben.«

»Mein Ex-Mann kommt, keine Sorge. Er passt auf.«

Sie hatte Brudermann am Tag des Unfalls aus dem Krankenhaus eine Textnachricht geschrieben und er wollte sich in heller Aufregung sofort auf den Weg machen. Sie hatte ihn jedoch gebeten, damit zu warten, bis sie aus dem Krankenhaus heraus war. Sie ließ sich mit einem Taxi nach Hause fahren und kämpfte sich langsam über jede einzelne Stufe zu ihrer Wohnung im zweiten Stock. Sie atmete erleichtert auf, als sie endlich wieder zu Hause und bei ihren Katern war. Am Abend kam Brudermann an. Sie hatte ihn gewarnt, dass ihr Gesicht nicht gerade einladend aussah und er nicht erschrecken sollte.

»Ach du Scheiße«, war das Erste, was Brudermann zur Begrüßung einfiel, als er sie sah.

Er ließ vor Schreck seine Reisetasche fallen.

»Oh nein, oh nein, du siehst ja wirklich übel aus«, ging es noch einige Minuten weiter.

Sie klopfte ihm beruhigend auf die Schulter, als sie in die Küche schlurfte, um sich einen Tee zu machen.

»Keine Panik, Bruder, das wird alles wieder, das wird wieder. In acht Wochen sehe ich aus wie frisch geliftet.«

Brudermann lachte.

»Warum haben die dich denn überhaupt aus dem Krankenhaus entlassen?«, fragte er besorgt. »Nicht, dass doch noch etwas mit dem Kopf passiert.«

»Ich habe auf eigene Gefahr ausgecheckt, erholen kann ich mich hier besser als in der Krankenhütte, du weißt doch, dass ich Krankenhäuser hasse«, erwiderte sie.

Natürlich wusste Brudermann das, er hatte ja genügend Ausflüge mit ihr dorthin unternommen. Er war ein toller Krankenpfleger, ging einkaufen und bekochte sie. Nach zwei Tagen saß sie wieder stundenweise am Schreibtisch und erledigte das Nötigste. Brudermann war durch seine freiberufliche Beratertätigkeit an keinen bestimmten Schreibtisch gebunden und blieb über eine Woche als Teilzeit-Krankenpfleger bei ihr.

»Wo ist denn eigentlich dein toller neuer Bekannter? Warum bekocht der dich denn nicht?«, fragte er sie am zweiten Tag.

Sie blickte aus dem Fenster und schwieg eine Weile. Diese Frage hatte sie sich auch schon gestellt. Sie hatte rund drei Monate zuvor einen Mann kennengelernt, er war der Vorsitzende einer der größten deutschen Non-Profit-Organisationen und in Deutschland recht bekannt. Er hatte ihr zunächst in unzähligen Textnachrichten und auch bei einem persönlichen Treffen erzählt, dass er zwar von seiner Frau getrennt sei, man das aber nach außen noch nicht kommuniziert habe. Man lebe nach wie vor in einer Art Wohngemeinschaft mit circa acht anderen Personen in einem großen Haus im Ruhrgebiet. Da er sehr häufig auf Reisen und sein Hauptbüro ohnehin in Berlin sei, wäre das auch alles sehr entspannt machbar. Irgendetwas an dem Mann machte sie stutzig. Er bombardierte sie nach dem persönlichen Treffen weiter mit Textnachrichten, sprach von großer Liebe und der bedeutsamsten Begegnung seines Lebens. Wenn sie ein neues persönliches Treffen vorschlug, dann wich er aus und schob permanent berufliche Termine vor, die er als Bundesvorsitzender nun einmal leider habe. Lieber wollte er telefonieren oder chatten. Da sie mittlerweile eine eigene Antenne für Männer entwickelt hatte, die es mit der Wahrheit im Hinblick auf ihre Ehefrauen offensichtlich nicht so genau nahmen, hielt sie den Mann auf Abstand. Dann passierte ihr Unfall und sie schrieb ihm aus dem Krankenhaus eine kurze Nachricht, um ihn in Kenntnis zu setzen. In seiner Antwort wünschte er ihr gute Besserung, habe aber leider keine Zeit, sie zu besuchen, da er sehr beschäftigt sei. Sie könne sich aber gerne melden, wenn es ihr wieder besser gehe.

Sie las Brudermann die Nachricht vor, sein Urteil war eindeutig:

»Ich habe dir doch gleich gesagt, dass der Typ ein Psycho ist. Und so einer ist Vorsitzender einer wohltätigen Organisation und macht in der Öffentlichkeit einen auf Gutmensch? Wie kaputt muss man als Mann sein, um sich so zu benehmen und seine angeblich tolle neue Liebe nach so einem Unfall nicht einmal zu besuchen oder seine Hilfe anzubieten?«, schnaubte er verächtlich.

Sie musste ihm recht geben. Für sie war der Mann abgehakt, doch die Tatsache, dass sich jemand nach außen mit seinen guten Taten schmückte, in seinem persönlichen Umfeld aber keinerlei Mitgefühl oder Engagement zeigte, gab ihr schwer zu denken. Sie fragte sich häufiger, was von diesem Mann wohl übrig bliebe, wenn man ihm den Bundesvorsitz und die damit verbundene Macht und Publicity wegnehmen würde. Nach zwei Wochen meldete er sich wieder per Textnachricht und erkundigte sich nach ihrem Befinden. Sie antwortete nur kurz, dass sie auf dem Weg der Besserung sei. Er fing wieder an, sie mit Texten zu überfluten. Dazu kam, dass er auf einmal anfing, ihr in Nachrichten seine Vorliebe für sadomasochistische Sexualpraktiken zu gestehen, und er formulierte spezielle Wünsche an sie. So wollte er zum Beispiel von ihr nachts an einer Hundeleine am Rhein spazieren geführt werden und er wünschte sich, von ihr geschminkt zu werden und dabei wollte er Seidenstrumpfhosen tragen. Als er merkte, dass sie darauf nicht einging, änderte er seine Art der Nachrichten und versuchte, sie mit anderen Mitteln auf seine Seite zu ziehen. Er sprach von einem Sitz im Kuratorium der Organisation, da noch eine interessante Frau in der von Männern dominierten Runde fehlen würde. Sie empfahl dem Mann, dringend über eine gute Traumatherapie nachzudenken, und wünschte ihm alles Gute.

Sie erholte sich gut von dem Unfall und als sie wieder fit war, setzte sie ihren Entschluss um, sich zum einen noch mehr um sich selbst und ihre Lebensgeschichte zu kümmern und zum anderen sortierte sie ihre beruflichen Aufträge aus. Sie übernahm die PR-Beratung für eine Klinikgruppe, die sich auf die Behandlung von psychischen und psychosomatischen Erkrankungen spezialisiert hatte. Diese Tätigkeit empfand sie nach langer Zeit endlich als etwas Sinnstiftendes. Sie erweiterte ihr Wissen in Psychologie enorm, nahm an vielen Weiterbildungen und Kongressen der Klinik teil und verstand immer besser, dass Körper und Seele untrennbar miteinander verbunden sind. Sie kam für sich selbst in eine ruhigere Lebensphase und lernte immer besser, ihre Energien für sich selbst gut zu nutzen und nicht nur in andere Menschen zu investieren. Das führte zwangsläufig dazu, dass Menschen, die sie irrtümlich für echte Freunde gehalten hatte, sich nicht mehr meldeten, als sie keine Energie mehr von ihr absaugen konnten. Sie lernte, wie gut es tat, Menschen loslassen zu können. Dafür traten neue Menschen in ihr Leben, mit denen ein Austausch in einer völlig anderen und für beide Seiten wohltuenden Balance stattfinden konnte, und sie lernte in diesen Jahren viel über sich selbst.

Dann kam eine erneute Prüfung. Innerhalb von sechs Wochen starben zunächst einer ihrer Kater, dann der ehemalige Schwiegervater, ihre Buchhalterin und schließlich Vater Karl. Weitere zwei Wochen später wurde ihr Hauptauftrag zehn Tage vor Weihnachten per E-Mail gekündigt.

Sie hatte zu ihrem Vater seit einigen Jahren keinen Kontakt mehr gehabt, er hatte offensichtlich irgendwann beschlossen, nach seinem Sohn auch seine Tochter aus seinem Leben zu verabschieden. Sie erhielt von der Tochter seiner neuen Lebensgefährtin einen kurzen Anruf, bei dem ihr mitgeteilt wurde, dass ihr Vater gestorben sei. Mehr war nicht zu erfahren, weder wie beziehungsweise woran er verstorben war noch wo er beerdigt wurde. Die Anruferin hatte nach vier Sätzen wieder aufgelegt. Sie ging im Wald spazieren und hoffte für ihren Vater, dass er nun an einem für ihn besseren Ort war.

Die Ereignisse dieser Wochen machten ihr klar, dass es an der Zeit war, auf ihrem Weg weiterzuziehen. Sie hatte als junge Frau bereits eine Zeit lang im Ausland leben wollen und nun schien dafür endlich der richtige Zeitpunkt gekommen zu sein. Sie wollte nach Paris ziehen. Wirtschaftlich betrachtet war ihre Entscheidung, ohne einen neuen gesicherten Auftrag ins Ausland und dann noch in eine so teure Stadt zu ziehen, eine äußerst waghalsige Unternehmung, selbst Brudermann war nur verhalten optimistisch, ob das gut gehen konnte. Doch wie immer unterstützte er sie mit guten Gedanken und sprach ihr Mut zu, er hatte seinen Vater unerwartet verloren und konnte sich gut in ihre Situation hineinversetzen.

»Wenn du das Gefühl hast, gehen zu müssen, dann mach das. Es ist riskant, völlig alleine, in dem Alter, mit nur wenigen Sprachkenntnissen und ohne wirtschaftliche Absicherung nach Paris zu ziehen, aber wenn es einer schafft, dann du«, sagte er.

Sie kündigte ihre große Altbauwohnung und lagerte

sämtliche Möbel ein. Den größten Teil ihrer umfangreichen Schuh- und Kleidersammlung spendete sie dem Kostümfundus der Stadt, die Mitarbeiter der Oper konnten ihr Glück kaum fassen. Innerhalb von wenigen Tagen fand sie über das Internet eine winzige möblierte Dachkammer von 25 Quadratmeter Größe im siebten Stock eines Hauses ohne Aufzug im Stadtteil Saint Germain.

»Da spare ich mir zumindest schon einmal das Fitnessstudio«, dachte sie sich, als sie sich vorstellte, wie sie zukünftig sämtliche Einkäufe über sieben Stockwerke nach oben schleppen würde.

An einem grauen und regnerischen Morgen kam sie in Paris an und stand mit zwei Köfferchen und ihrem verbliebenen alten Kater Admiral von Schneider vor dem alten Haus in der Rue Dauphine in Paris. Sie fühlte sich von der ersten Stunde an wie zu Hause. Nachdem sie sich das kleine Studio mit ein paar persönlichen Dingen hergerichtet hatte, teilte sie ihre Zeit zwischen Auftragssuche, Sprachunterricht und Streifzügen durch die Stadt sorgsam ein. Abends und nachts schrieb sie in den kommenden Monaten ihr erstes Buch zu Ende. Sie lernte viele interessante Menschen aus der ganzen Welt kennen, fand neue Freunde und bekam sehr schnell ein völlig neues Lebensgefühl für das, was die Franzosen »savoir vivre« nennen. Mit 50 Jahren hatte sie endlich das Leben begonnen, das sie sich immer schon für sich gewünscht hatte – im Ausland leben, Bücher und Artikel schreiben und in Coachings mit Menschen aus der ganzen Welt zu arbeiten. Sie erhielt einen neuen, wenn auch kleinen PR-Beratervertrag für eine Klinik in Deutschland und beschäftigte sich weiter intensiv mit Psychologie. Materiell betrachtet konnte sie keine großen Sprünge machen, aber noch nie in ihrem Leben hatte sie sich so reich gefühlt. Wenn sie in der Dachkammer saß und aus ihrem großen Fenster über die Dächer von Paris bis zum Eifelturm blickte, dann war sie einfach nur glücklich.

Paris brachte eine weitere, entscheidende Veränderung mit sich: Nach fast 30 Jahren fing sie wieder an zu singen. Sie nahm Gesangsunterricht bei einem Opernsänger aus Wien, der für eine Weile in Paris lebte und unterrichtete.

»Warum kombinierst du eigentlich die Lesungen für dein neues Buch ›Ein Dutzend Dates‹ nicht mit Gesang?«, fragte er sie nach den ersten drei Monaten Unterricht.

»Was, bist du verrückt? Ich habe seit fast 30 Jahren nicht mehr gesungen, auf mich hat nun niemand wirklich gewartet«, entgegnete sie entrüstet.

Sie studierten Lieder von Hildegard Knef wie zum Beispiel »Für mich soll's rote Rosen regnen« oder von Marlene Dietrich »Ich bin von Kopf bis Fuß auf Liebe eingestellt«. Ihre dunkle, rauchige Stimme passte recht gut zu diesen Stücken. Ihr Gesangslehrer, gleichzeitig auch ihr Pianist, gab nicht auf und redete einige Wochen auf sie ein.

»Also, jetzt ziere dich nicht so, die Texte passen einfach perfekt zu deinem Buch. Die Menschen werden das mögen.«

Und so stand sie an einem dunklen Novemberabend in Paris nach fast 30 Jahren Pause zum ersten Mal wieder auf einer winzig kleinen Bühne und gab vor einem deutsch-österreichischen Kulturkreis ihren ersten Lese-Lieder-Abend. Der Abend wurde ein sehr schöner Erfolg und es sollten ihm noch weitere folgen. Nach ihren Auftritten kamen häufig Besucher zu ihr und bedankten sich bei ihr für den schönen Abend. Manche, auch Männer, hatten Tränen in den Augen, weil sie sich offenbar auf eine bestimmte Weise berührt fühlten. Konnte es für die Autorin und Sängerin ein schöneres Kompliment geben?

Da war sie nun, angekommen in Paris und angekommen bei sich selbst und doch so neugierig auf die weitere Lebensreise. Wohin würden ihre Wege sie in Zukunft führen?

Während sie diese Zeilen schreibt, ist es Sommer geworden. Sie sitzt an ihrem Schreibtisch mit Blick auf ihr geliebtes Meer und lächelt dankbar. Die Sonne strahlt von einem wolkenlosen Himmel.

Epilog

Warum habe ich diese kleine Autobiografie geschrieben?

Die meiste Zeit meines Lebens war ich überkonform und der festen Überzeugung, den Erwartungen von anderen Menschen entsprechen zu müssen. Ich habe ein unechtes, falsches Leben geführt und mich von dem Anpassungsdruck, dem man in unserer Leistungsgesellschaft ausgesetzt ist, bestimmen lassen. Bei nie oder nicht ausreichend erfahrener Mutterliebe (dies gilt meiner Meinung auch für mangelnde Vaterliebe) steckt etwas in uns Menschen, das sich zu einer Art Triebfeder entwickeln kann: Man glaubt, nur durch Leistung Anerkennung oder Liebe erreichen zu können. Bei vielen Menschen kommt eine Anhäufung von materiellem Besitz hinzu, nur wer hat, der ist. In diesem Leben habe ich mich sehr lange eingerichtet, einfach funktioniert und selten wirklich hinterfragt. Ich war zu sehr damit beschäftigt, täglich zu »überleben« anstatt wirklich zu »leben«. Ich war von Kind an daran gewöhnt, mich hauptsächlich um andere Menschen zu kümmern, nicht jedoch um mich selbst.

Ich möchte Menschen dazu ermutigen, auf ihr eigenes Leben zu schauen, um so in eine neue persönliche Kraft und Energie kommen zu können. Ich bin der Ansicht, dass dies in dem durch die Coronavirus-Krise weltweit stattfindenden Transformationsprozess für jeden Einzelnen von uns eine große Chance darstellt.

Der Mensch ist ein soziales Wesen und die Qualität unserer Beziehungen entscheidet über unsere Lebensqualität und unsere Gesundheit. Wenn man an seiner

Lebensgeschichte arbeitet, dann verändert man sich selbst nach und nach und damit verändern sich auch viele andere Dinge im eigenen Leben. Das kann unter anderem der Freundeskreis oder die berufliche Tätigkeit sein. Ich habe zum Beispiel festgestellt, dass ich über viele Jahre Beziehungen gepflegt habe, die ich irrtümlicherweise für Freundschaften hielt. Viele Jahre war ich für diese Menschen eine Quelle der Energie, von der sie regelmäßig zapfen konnten, ohne selbst nichts bis sehr wenig zu geben. Je mehr ich lernte, loslassen zu können, desto mehr traten andere Menschen in mein Leben und wurden zu echten Freunden. Dies gilt auch für partnerschaftliche Beziehungen. Viele Menschen stellen im Rahmen der Aufarbeitung ihres eigenen Lebens fest, dass sie gar nicht wissen, was eine Partnerschaft auf Augenhöhe und echte, liebevolle Bindung eigentlich bedeuten. Und wer sich selbst nicht liebt und sich nicht liebevoll behandelt, dem gelingt das auch nicht bei einem anderen Menschen.

Ich bin für viele Dinge in meinem Leben sehr dankbar, mir ist es sehr viel besser ergangen als vielen anderen Menschen auf der Welt. Dennoch war ich in meiner Kindheit und Jugend einer Reihe von traumatisierenden Erlebnissen ausgesetzt. Wenn man in einem Elternhaus ohne emotionale Wärme und Liebe aufwächst, wenn die Tage mehr vom Überleben als vom Leben geprägt sind, dann hinterlässt das Spuren in einem Menschen. Durch die vielen Coaching-Gespräche, die ich mit meinen Klienten in den letzten Jahren geführt habe, habe ich erkannt, dass viele Menschen zunächst ihre Kindheit und Jugend als nicht weiter schlimm empfinden. Sicher, da gab es den ein oder anderen Vorfall, aber na ja, erleben wir das denn nicht alle so als Kind oder Jugendlicher? Gefühlsunterdrückung ist eine verständliche Schutzfunktion unserer Seele, um uns vor einer seelischen Erschütterung zu bewahren. Der Mensch ist in der Lage, Gefühle so zu unterdrücken und abzuspalten, dass er nichts Schlimmes mehr spürt. Aber Unterdrückung ist leider nicht gleichbedeutend mit Beseitigung.

Erst wenn die Menschen genauer hinsehen oder anfangen, gewisse Gewohnheiten, psychische Beeinträchtigungen und ihr Leben generell zu hinterfragen, dann kommt etwas mehr Klarheit in die Vergangenheit. Bei vielen Klienten ist der Anlass für diese Fragen eine Krise, sei es eine Erkrankung, der Verlust des Partners oder des Arbeitsplatzes.

Ich habe den Eindruck, dass der größte Teil unserer Gesellschaft vor dem Blick auf das eigene Leben sowie die eigene Vergangenheit sehr große Angst hat und um eine persönliche psychologische Aufarbeitung einen großen Bogen macht. Das ist möglicherweise das größte Drama unserer Zeit, denn die meisten Mitglieder unserer Gesellschaft befinden sich leider in keiner gesunden mentalen Balance und psychischen Gesundheit. Deutschland gehört auf die Couch. Dies mag für den ein oder anderen als Feststellung zu hart oder gar übertrieben erscheinen, aber fast alle negativen Entwicklungen und Ausprägungen in unserem gesellschaftlichen Miteinander lassen sich so erklären.

Niemand, der psychisch gesund ist, kommt auf die Idee, anderen Menschen körperlichen oder seelischen Schaden zuzufügen: sei es durch kriegerische, gewalttätige und kriminelle Handlungen, durch politischen Extremismus, durch Hasstiraden oder Verleumdungen im Internet beziehungsweise in den Medien oder durch das zuletzt im Rahmen der »Coronavirus-Krise« immer häufiger auftretende Denunziantentum. Wir leben in einer traumatisierten Gesellschaft, doch woran liegt das eigentlich? Wenn man sich mit der Forschung und Literatur zum Thema traumatisierte Menschen beschäftigt, dann stößt man sehr schnell auf den Begriff »Kriegsenkel«. Die Kriegsenkel sind die Kinder von Kriegskindern des Zweiten Weltkriegs, also die zwischen cirka 1960 und 1980 geborenen Männer und Frauen. Ich bin somit selbst eine Kriegsenkelin und meine Eltern waren Kriegskinder.

Sabine Bode beschreibt in ihrem Buch »Kriegsenkel – die vergessene Generation« sehr genau, wie wir Kriegsenkel durch unsere Eltern und deren eigene erlittenen und unverarbeiteten Kriegstraumata indirekt traumatisiert worden sind.

Die Kriegsvergangenheit zeigt auch heute noch in vielen Familien Spuren, bis in die zweite und dritte Generation hinein. Es hat ihnen doch an nichts gefehlt. Oder doch? Wieso haben viele das Gefühl, nicht genau zu wissen, wer man ist und wohin man will? Wo liegen die Ursachen für diese diffuse Angst vor der Zukunft? Weshalb bleiben so viele von ihnen kinderlos? Noch ist es für viele von ihnen ein völlig neuer Gedanke, sich vorzustellen, die tief sitzende Verunsicherung könnte von den Eltern stammen, die ihre Kriegserlebnisse nicht verarbeitet haben. Ist es möglich, dass eine Zeit, die über 60 Jahre zurückliegt, so stark in das Leben als nachgeborene Kinder hineinwirkt?

Die »Generation Golf« ist eine Generation von Erben nicht nur in materieller Hinsicht, sondern auch in seelischer. Wir haben die Erfahrungen und Traumatisierungen unserer Eltern und Großeltern durch den Ersten und Zweiten Weltkrieg – laienhaft formuliert – auch geerbt. Warum sind so viele Männer und Frauen der Kriegs-enkel-Generation, obwohl sie eine gute Ausbildung ab-geschlossen haben, ihr ganzes Leben lang von innerer Unsicherheit und vor allem Ängsten geplagt? Fühlen sich nicht herzlich angenommen und geliebt um ihrer selbst willen? Haben kein gesundes Selbstbewusstsein entwi-ckelt? Meinen nur durch Leistung den Anspruch zu ent-wickeln, anerkannt und geliebt zu werden? Leben mehr im äußeren Schein als im inneren Sein? Entwickeln Burn-out-Erkrankungen? Neigen zu Depressionen, entwickeln Sucht- und psychosomatische Erkrankungen und haben häufig Schwierigkeiten in ihren Beziehungen?

Der stetige Zuwachs von Konsum und Sucht jedweder Art sind die Folgen, denn die eigene innere Leere muss mit irgendetwas kompensiert werden. Dazu zähle ich auch soziale Medien, diese haben sich für viele Menschen zu einer Sucht entwickelt. Meiner Ansicht nach konnte das Internet beziehungsweise die überall gepriesene Digita-lisierung auch nur dadurch so schnell so erfolgreich wer-den, das alles dient – auch – der Kompensation der inne-ren Leere. Bei allen Vorteilen, die mit der Digitalisierung verbunden sind, sie birgt meiner Ansicht nach auch sehr große Gefahren. Zum einen kann der Social-Media und Selfie-Wahn die schmerzlich vermisste Aufmerksamkeit und Anerkennung im Elternhaus und Mutter- oder Vaterliebe nicht ersetzen. Ebenso wenig kann sich einem das Weltgeschehen nicht durch Kurzmeldungen in sozialen Netzwerken erschließen. Zum anderen werden die Menschen durch das permanente Schielen auf ihre Handys nicht klüger und der Möglichkeit der digitalen Überwachung unseres Lebens wird immer mehr Tür und Tor geöffnet. Die gerade jetzt immer weiter fortschreitende Digitalisierung an den Schulen dient nicht der Bildung, sondern eher der Verdummung unserer Schülerinnen und Schüler. Der Hirnforscher Prof. Dr. Manfred Spitzer hat darüber sehr interessante Erkenntnisse gewonnen, er prognostizierte unserer Gesellschaft bereits frühzeitig neue Zivilisationskrankheiten wie Online-Sucht (das ist bereits eingetreten) und Digitale Demenz (wer kann sich heute noch drei Termine oder Geburtstage ohne Handy-Erinnerung merken?) Prof. Spitzer dazu in einem Interview mit dem Deutschlandfunk (vom 8. März 2018): *»Ein Kind braucht bestimmte Dinge, ich sage mal, als Input. Es muss die Dinge anfassen, es muss mit den Dingen umgehen lernen. Und wenn heute die Kinder an die Schule kommen und können keinen Griffel mehr halten, weil sie sich nur noch mit Wischen über eine Glasoberfläche beschäftigt haben und ihre Hand damit weder motorisch noch sensorisch in irgendeiner Weise vernünftig trainiert haben, dann haben die einen Nachteil, und zwar einen großen Nachteil. Wir ziehen uns eine Generation von Behinderten heran, ich sage es mal drastisch. Je mehr Fingerspiele sie im Kindergarten machen, desto besser sind sie mit 20 in Mathematik, weil die Zahlen über die Finger und deren komplexen Gebrauch ins Hirn kommen. Wenn sie nur wischen als Kindergartenkind, endet ihre Karriere als Putzfachkraft. Das sollte man einfach nicht machen. Es gibt weiter-*

hin große Untersuchungen, die zeigen, dass wenn Sie WLAN und Computer an Schulen einführen, dass die Schulleistungen der Schüler sinken, und zwar nach der neuesten Studie um 20 Prozent.«

Wenn heute vier Menschen in einem Restaurant an einem Tisch sitzen, dann liegen mit an Sicherheit grenzender Wahrscheinlichkeit auch vier Handys auf dem Tisch, die regelmäßig aufmerksam beobachtet werden. Die analoge Kommunikation miteinander wird so häufig zur Nebensache. Ich habe vor Kurzem ein kleines »Experiment« in einem sozialen Netzwerk gestartet, mein Geburtstag wurde fälschlicherweise im Juli angezeigt. Es war erstaunlich, dass selbst Menschen, die mich persönlich zumindest so gut kennen, dass sie meinen Geburtstagsmonat wissen sollten, mir herzlich gratulierten. Als ich darauf verwies, dass mein Geburtstag doch seit einigen Jahrzehnten im Winter liegt, bekam ich fast unisono als Antwort: »Also, es kam mir ja auch komisch vor, aber ich dachte, wenn das hier im Internet so angezeigt wird, dann wird das schon stimmen.« Der eigenen Intuition wird nicht mehr vertraut, denn durch die sozialen Medien ist der Rest an Instinkt und die Anbindung an uns selbst den meisten Menschen leider abhandengekommen. Als ich zum ersten Mal von Apps hörte, die Menschen daran erinnern, regelmäßig zu trinken und zu essen, habe ich das zuerst für einen Scherz gehalten. Möchten wir wirklich so leben?

Die Erkenntnis über das eigene Leben und auch die Geschehnisse in der Welt funktionieren nur über aktives Erarbeiten, nicht über passiven Internetkonsum. Man lässt sich durch die Unterhaltungsindustrie und Medien täglich einlullen. Man lebt von Urlaub zu Urlaub und schielt ständig zum Nachbarn, ob dessen Auto oder Haus nicht doch größer und schöner ist als das eigene. Es geht vermehrt um den Schein und nicht um das eigene Sein. In die Optimierung des äußeren Erscheinungsbildes wird sehr viel mehr Energie und Geld in Form von absurd teuren Cremes, Botox-Spritzen oder Operationen investiert als in die Pflege der inneren Schönheit. Alles (Haus, Autos, Urlaube, Geld) muss ständig »mehr« werden und es ist niemals genug. Viele meinen, ständig etwas »erleben« zu müssen. Nur wenige Menschen schaffen es, im Hier und Jetzt, wirklich in diesem Moment zu leben, viele leben entweder in der Vergangenheit oder in der Zukunft. In seiner Ruhe zu sein, alleine mit sich selbst, ohne mediale Ablenkung oder Arbeit, halten sehr viele Menschen einfach nicht aus. Wenn ich in der Natur spazieren gehe, dann kommen mir häufig Jogger entgegen, fast alle haben einen Stöpsel im Ohr und werden berieselt. In öffentlichen Verkehrsmitteln bietet sich ein ähnliches Bild. Ich möchte das nicht grundsätzlich kritisieren, aber dennoch dazu ermuntern, wirklich einmal nur in der Stille und mit sich selbst zu sein. Auch ich habe einen ziemlich langen Anlauf gebraucht, um mich wirklich intensiv mit mir selbst und meinem Leben zu beschäftigen. Anlass waren Krisen.

Warum haben nach wie vor viele Menschen Vorbehalte gegenüber der Psychologie oder einer Psychotherapie? Darüber habe ich mich mit Prof. Dr. Dr. Christian Schubert von der Medizinischen Universität Innsbruck unterhalten. Seit rund 25 Jahren ist er begeisterter Forscher und analysiert gemeinsam mit Kollegen die Wechselwirkungen zwischen sozialen Beziehungen, Psyche, Gehirn (Nervenzellen und Neurotransmitter) und Immunsystem (Immunzellen und Zytokine). Kurz: Er beschäftigt sich mit der Psychoneuroimmunologie.

Warum haben Ihrer Ansicht nach so viele Menschen Vorbehalte gegen Psychologie im Allgemeinen und scheuen eine Therapie?

Die Vorbehalte gegenüber der Psychologie und Psychotherapie haben gesellschaftliche und kulturelle, aber auch persönlich-individuelle Gründe. Wir befinden uns mit der westlich-kapitalistischen Gesellschaft in einer Maschinenideologie. Der Mensch wird implizit als Maschine gesehen, dabei gilt »immer höher, weiter, größer und jünger«, es zählt vor allem Leistung. Seelische Befindlichkeiten spielen eine geringere Rolle. Diese Geisteshaltung kann man gut auch in der Medizin erkennen. Körper und Seele werden in vielen Bereichen als getrennt voneinander angenommen (Dualismus), man konzentriert sich in Klinik und Forschung auf die kleinsten Lebenselemente, z. B. Moleküle und Gene, anstatt das große Ganze zu untersuchen (Reduktionismus). Man fokussiert auf das für alle Sichtbare bzw. Messbare, das Rationale und das Bewusste. Unsichtbares, Irrationales und Unbewusstes, welche sich hinter diesen manifesten psychischen Phänomenen befinden und mehr das Subjektive des Menschen betreffen, werden ausgeblendet (Objektivismus). Das Problem daran ist, dass diese Aspekte besonders mächtig sind, wenn es um Gesundheit und Krankheit geht. Denn wie wir etwas erleben, wie wir uns verhalten und wie erfüllend unsere sozial bedeutsamen Beziehungen sind, ist komplexer und damit umfassender als biologische Elemente. Psyche und soziale Beziehungen geben in Wirklichkeit vor, was krank macht und was heilt. Demgegenüber sind Gene und Moleküle quasi das letzte Teil der Kette und spiegeln diese übergeordneten Prozesse nur wider.

Aber die klinische und wissenschaftliche Realität ist eine andere. Hat die »Maschine Mensch« einmal eine Funktionsstörung (Krankheit), erwartet sie eine Reparaturmedizin, die wenig Prävention betreibt und selten bewirkt, dass sich der Patient selbstverantwortlich um seine Gesundheit kümmert und beispielsweise sein Suchtverhalten verändert. Der Patient gibt seinen Körper quasi in die Hände des »allwissenden« Arztes, der sich aufgrund der oben genannten erkenntnistheoretischen Irrtümer der Maschinenmedizin (Dualismus, Reduktionismus, Objektivismus etc.) nur wenig mit der Psyche des Patienten in Beziehung setzen muss und sich ganz auf dessen stoffliche Elemente (Stoffwechselparameter, Moleküle etc.) konzentrieren kann. Mit dieser Form der Medizin lässt sich viel Geld verdienen, sei es durch das Anordnen von Tests, das Verschreiben von Medikamenten oder die Durchführung chirurgischer Eingriffe. Die Maschinenmedizin ist eine ökonomisierte Medizin mit starker Verbindung zum Ersatzteillager der Gesundheits-/ Pharmaindustrie. Längst geht es vor allem um wirtschaftliche Interessen und Geld spielt hier oftmals eine größere Rolle als das Wohl des einzelnen Patienten. Dies dürfte auch der tiefere Grund dafür sein, dass eine Gesundheitsindustrie die einseitige biologistische Sichtweise von psychischen Erkrankungen forciert und diese vorzugsweise mit Psychopharmaka behandelt, ohne jedoch wissenschaftliche Belege in der Hand zu haben, dass psychische Störungen biologisch erklärt werden können.

Psychologie und Psychotherapie sind also schon deshalb von untergeordneter Bedeutung in der medizinischen Behandlung, weil man damit nicht genug Geld verdient.

Letztlich gibt es aber durchaus auch persönlich-individuelle Gründe, die den Patienten davon abhalten, eine Psychotherapie zu beginnen. So gilt es in unserer maschinenideologisch ausgerichteten Kultur immer noch als Stigma und als ein Zeichen von Schwäche, zum Psychotherapeuten zu gehen, obwohl längst klar ist, dass sich psychische Konflikte hinter vielen – auch körperlichen Erkrankungen – verbergen. Auch möchten sich viele Menschen nicht mit ihren eigenen Traumata und seelischen Konflikten auseinandersetzen. Sie gehen in den Widerstand, denn die Auseinandersetzung mit den Schattenseiten des eigenen Lebens kann mitunter psychisch sehr schmerzhaft sein. Gelingt es aber, eigene Traumata und Konflikte zu überwinden, verspürt man deutlich mehr Freiheitsgrade im Leben.

Die gute Nachricht ist, dass Psychologie und Psychotherapie immer mehr, insbesondere von jungen Menschen, akzeptiert und respektiert werden. Ein kultureller Wandel ist im Gange, der durch die Integration von komplexeren Aspekten menschlichen Lebens auch zu einer erweiterten Sicht in der Medizin führen wird.

Welche Erfahrungen haben Sie gemacht, wenn Sie länger im therapeutischen Kontext mit Patienten arbeiten – wie hängen psychische Gesundheit und körperliche Gesundheit zusammen?

Ich persönlich habe die Erfahrung gemacht, dass es keine Trennung zwischen Körper und Seele in meiner medizinisch-klinischen und -wissenschaftlichen Arbeit gibt. Psyche und soziale

Beziehungen bilden die wirkungsvollsten Faktoren, wenn es um die Frage der Gesundheit und Krankheit eines Menschen geht. Psychisches Erleben ist mit körperlicher Aktivität untrennbar verbunden. Unser Gehirn und mit ihm Nerven- und Hormonsystem sind mit allen anderen Bestandteilen unseres Organismus verbunden und damit auch mit dem Immunsystem. Ich bin überzeugt davon, dass eine schwere Krankheit wie Krebs auch unbewusst-psychische Ursachen haben und auch wieder überwunden werden kann, etwa dann, wenn wir uns in einer schweren, chronischen Beziehungsproblematik befinden und die Krankheit als einziger Ausweg bleibt, um im unmittelbaren Beziehungsumfeld eine Veränderung zu bewirken. In der Tat zeigen empirische Forschungsarbeiten der Psychoonkologie auf, dass psychischer Stress den Verlauf einer Krebserkrankung ungünstig beeinflussen kann und Psychotherapie die Krebsprognose verbessert. Man denke außerdem an all die chronischen Krankheiten, die durch gesundheitsschädliches Verhalten, welches psychische Beruhigung bringen soll (z. B. Alkoholismus, Nikotinkonsum, übermäßiges Essen), hervorgerufen werden, zum Beispiel Krankheiten des Herz-Kreislauf-Systems oder des Darms. Körperliche Krankheit ist, wie die Forschung der Psychoneuroimmunologie zeigt, in vielen Fällen quasi psychisch angelegt. Frühe Traumatisierungen, etwa im Kindesalter, haben, wenn sie nicht aufgearbeitet werden und anhaltende Belastung nach sich ziehen, langfristig im Erwachsenenalter nicht nur seelische, sondern auch körperliche Krankheit zur Folge.

Leider sind unsere herkömmlichen Forschungszugänge in der Medizin nicht geeignet, um die Funktionszusammenhänge zwischen Seele und Körper valide zu untersuchen. Wir wissen zwar schon, dass Seele und Körper zusammenhängen, nicht aber, wie genau. In Innsbruck haben wir zur Klärung dieser Frage ein neues Forschungsdesign, die »Integrative Einzelfallstudie«, entwickelt. Mit diesem Design konnten wir erstmals zeigen, dass das Erleben von emotional bedeutungsvollen Ereignissen des Alltags mit langen, über Tage anhaltenden Reaktionskaskaden des Immunsystems verbunden ist. Diese verlaufen zyklisch, in mehreren Phasen, was auf Rückkopplungsmechanismen zurückzuführen sein dürfte. Weiterhin konnten wir empirisch nachweisen, dass im Alltag emotionale Befindlichkeiten und Immunaktivität wechselseitig verbunden sind. Das bedeutet, die Psyche bewirkt eine Veränderung im Immunsystem und dieses wirkt dann regulatorisch zurück auf die Psyche. Dieser Einfluss des Immunsystems auf das Erleben und das Verhalten von Menschen zeigt sich besonders im Fall von Entzündungen, Verletzungen und Infektionen, wo Anstiege der zellulären Immunaktivität dafür sorgen, dass Menschen erschöpft sind, gereizt werden und soziale Kontakte einschränken. Solche immunologisch bedingten psychischen Veränderungen sollen es dem Organismus ermöglichen, die Energie ganz auf den Heilungsprozess zu konzentrieren.

Ich selbst habe für mich die These entwickelt, dass nur wer sich in einer guten mentalen Balance und psychischen Gesundheit befindet, echte soziale Eigenverantwortung übernehmen kann. Ich glaube, dass viele Menschen einfach in der Gesellschaft mitlaufen und sich vielleicht sogar nach einer starken Führung sehnen, weil sie innerlich mit Angst besetzt sind und mehr im Überleben- als im Leben-Modus sind. Wie ist Ihre Meinung hierzu?

Ich kann Ihnen da prinzipiell zustimmen. Es ist durchaus anzunehmen, dass in unserer westlichen, kapitalistisch orientierten

Gesellschaft vermehrt Angst besteht. Die Gründe hierfür sind verschiedenartig. Der Kapitalismus an sich ist aufgrund von Faktoren wie Herrschaft und Unterdrückung, Leistungszwang und Konkurrenzprinzip typischerweise mit existenzieller Angst und Versagensangst verbunden. Weiterhin entstehen bei einigen vermehrt Ängste durch den Komplexitätszuwachs in unserer Gesellschaft, der, unter anderem, aus der zunehmenden Individualisierung, Flexibilisierung des Arbeitsmarktes und Globalisierung resultiert. Die damit einhergehende Entstehung neuer und großer Vielfalt kann bei manchen zu einer Furcht vor gesellschaftlicher Unbestimmtheit und Unabsehbarkeit der Welt sowie der eigenen Lebensführung führen. Und dann gibt es noch die Ängste, die zum Beispiel im Zusammenhang mit realen Bedrohungen wie dem Klimawandel, Terror oder Pandemien – wie man aktuell sieht – stehen.

All diese Ängste und Zwänge erhöhen unser Stresserleben und können die Entwicklung von unterschiedlichen stressassoziierten Krankheiten begünstigen, die die Spaltung von Körper und Seele in einer mechanisierten und ökonomisierten Welt quasi repräsentieren: Somatisierungsstörung, Burnout, Aufmerksamkeits-Defizit-Hyperaktivitäts-Störung (ADHS), post-traumatische Belastungsstörung (PTBS) und Autoimmunerkrankungen, um nur einige zu nennen. Auch können gesellschaftliche Ängste die Art und Weise, wie wir leben und unsere Beziehungen gestalten, beeinflussen. Besonders betrifft das unsere Kinder, die in kapitalistisch geprägten Lebensrealitäten aufwachsen (z. B. verfrühte tagelange Fremdbetreuung von Babys, Ruhigstellen von Kindern durch Smartphones), die die Entstehung von Bindungsproblemen, Beziehungsstörungen, Traumatisierungen und Süchten begünstigen. Dabei handelt es sich um ein generationsübergreifendes Problem, denn psychische Störungen und die individuellen Erlebens- und Verhaltensaspekte, die diese begünstigen, sind entgegen früherer Ansicht über epigenetische Weitergabe vererbbar. Das heißt, dass sie zu Veränderungen der Steuerung des Erbmaterials führen, welche auf die Nachkommen übertragen werden können.

Dies kann auch die Bewältigungsmechanismen betreffen, mit denen die Gesellschaft versucht, Angst, Unsicherheit und Überforderung zu verringern. Zu diesen Bewältigungsmechanismen gehört für mich die Fixierung auf Ersatzobjekte, die vom Konsumzwang einer materiell ausgerichteten Bedürfnisindustrie angeheizt wird und wo Materielles zum Substitut für Liebe, Geborgenheit und Bindungssicherheit wird (z. B. Suchtmittel, Besitz, Geld). Weiterhin gehören für mich zur Bewältigung von Ängsten in der Gesellschaft der zunehmende Rückzug in die eigenen vier Wände, das Abschotten vor Fremdem bis hin zu nationalistischen Tendenzen. Auch sehnen sich verängstigte, verunsicherte und überforderte Menschen eher nach Führung, nach einem Heilsbringer und sind damit prinzipiell anfälliger für Manipulation und Verführung (z. B. zur Diskriminierung von Minderheiten, zum Kauf bestimmter Konsumgüter). Die moderne Form der digitalisierten Informationsübermittlung in einer (maschinenideologisch-)technisierten Welt tut dabei ihr Übriges. Viele bilden sich nur ungern weiter, nutzen selektiv soziale Medien, werden von ihnen abhängig, lesen – wenn überhaupt – nur mehr quer und gehen nicht mehr in die Tiefe beziehungsweise mit Inhalten sinnhaft in Beziehung. Auch dies macht anfälliger für Verführung und Manipulation.

Problematisch zu sehen ist, dass unser kapitalistisches System an den Ängsten der Gesellschaft verdient und daher sehr daran interessiert sein dürfte, diese aufrechtzuerhalten und sogar zu schüren: »Angst sells.« Davon lebt auch die ökonomisierte Medizin recht gut. Man könnte fast sagen: Chronische, stressassoziierte Erkrankungen am Schnittpunkt von Körper und Seele sind zur »Cash-Cow« der heutigen Medizin geworden. Man könnte hier von einem, sehr vereinfacht beschriebenen, existenziellen Kreisprozess der Konsumgesellschaft sprechen: Die kapitalistische Gesellschaft macht über die Generierung von Angst, Verunsicherung und Überforderung krank, Krankheit ist ökonomisiert und erhöht den Konsumzwang des Erkrankten, der immer wieder, für viel Geld, versucht, seine eigentlich psychische Erkrankung mit Hilfe der Maschinenmedizin (z. B. mittels Schmerztabletten, Physiotherapie, Operation) zu behandeln.

Dies alles sehen wir auch sehr deutlich in der aktuellen CO-VID-19-Krise, bei der die gerade genannten gesellschaftlichen Ängste und Bewältigungsmechanismen an die Oberfläche gespült werden (z. B. angstgetriebener und mit autoritären Maßnahmen durchgesetzter Shut- und Lockdown in weiten Teilen der Welt; Abstand, Maskenpflicht und Desinfektion als rein mechanistische Mittel, sich vor dem Virus zu schützen; Testungen und Impfungen als große neue Geldquellen der Gesundheitsindustrie). Soziale Eigenverantwortung würde demgegenüber bedeuten, dass Regierungen Menschen darin vertrauen, dass diese sich natürlicherweise vor Infektionen schützen und Vorerkrankten und Alten gegenüber rücksichtsvoll verhalten. Das muss gefördert und politisch entwickelt werden und dürfte in der schwedischen Bevölkerung ein Stück weit gelungen sein. Daher konnte man dort von den Menschen auch mehr Eigenverantwortung in Hinblick auf den Umgang mit dem neuartigen Coronavirus erwarten, auch wenn nicht alles reibungslos

lief. Es könnte auch sein, dass das Schweden-Modell andern-
orts gar nicht durchführbar gewesen wäre, beispielsweise in
Deutschland und Österreich, weil dort die Menschen mehr au-
toritätsabhängig und regeltreu sind, was wiederum nicht ohne
Berücksichtigung der Geschichte eines Landes gesehen werden
darf. Besonders Deutschland ist ein traumatisiertes Land mit
vielen psychischen und sozialen Wunden und Ängsten. Dr.
Hans-Joachim Maaz vermutet hier meines Erachtens zu Recht
Zusammenhänge mit der Art und Weise des Umgangs mit der
COVID-19-Krise: Tiefe biografisch verankerte Angst kann sich
auf die Corona-Angst aufsetzen und es ermöglichen, dass Co-
rona zu einer irrationalen, ideologischen Problematik wird.

Um aus diesem Dilemma wieder herauszukommen, braucht
es aus meiner Sicht eine grundlegende Veränderung unserer
durch die Maschinenideologie geprägten Kultur. Wir müssen
die erkenntnistheoretischen Irrtümer der Maschinenideologie
in allen Bereichen unseres Lebens einschließlich der Medizin
überwinden. Die Entwicklung eines neuen Paradigmas in der
Medizin, einer erweiterten biopsychosozialen Sichtweise, wird
nur möglich sein, wenn wir ganz im Sinne des Präventivgedan-
kens von früh auf lernen, anders zu denken, zu sprechen und
zu fühlen. Für mich geht es dabei um zwei wesentliche Aspekte,
die mit menschlichem Leben fundamental und untrennbar
assoziiert sind, aber weder in der derzeitigen klinischen noch
wissenschaftlichen Medizin ausreichend Berücksichtigung
finden: die subjektive, psychodynamisch relevante Bedeutung
von persönlich Erlebtem und die (nichtlineare) Dynamik von
Lebensprozessen. Diese beiden Pfeiler eines medizinischen
Paradigmenwechsels lassen sich meines Erachtens nur durch
gesellschaftlich-kulturelle Veränderungen erreichen. Dazu ge-
hören der eigenverantwortliche Umgang mit unbewussten

psychischen Prozessen, die gesteigerte Selbstwahrnehmung der Körper/Seele-Einheit und die Prävention von Krankheiten im Rahmen der Etablierung einer Beziehungsmedizin. Weiterhin halte ich es für unabdingbar, Menschen früh im ganzheitlichen, nicht-linearen und Vernetzungsdenken zu schulen, für eine Entschleunigung von Lebensprozessen zu sorgen, eine De-Ökonomisierung und Renaturalisierung von Leben allgemein auf den Weg zu bringen und letztlich veränderte gesellschaftliche Werte zu etablieren.

Dr. Hans-Joachim Maaz ist seit über 40 Jahren als Psychoanalytiker und Psychotherapeut tätig. Er war viele Jahre Chefarzt der Psychotherapeutischen und Psychosomatischen Klinik im Evangelischen Diakoniewerk Halle und hat mehrere Bestseller geschrieben. Sein Buch »Das falsche Leben« kann ich jedem Menschen ans Herz legen, der sich mit der Aufarbeitung seines persönlichen Lebensweges beschäftigt. Ich habe mit Dr. Maaz ein Gespräch über seine Forschung und Arbeit geführt.

Ursachen und Folgen unserer normopathischen Gesellschaft und das falsche Leben. Was meinen Sie damit genau, Herr Doktor Maaz?

Dieses Buch ist die Zusammenfassung, also die Erkenntnis meiner Arbeit, auch aus dem Austausch mit Kolleginnen und Kollegen. Sehr viele Menschen sind in ihrer Kindheit nicht so behandelt worden, wie sie es gebraucht hätten. Sie haben keine für sie wirklich günstigen Beziehungsangebote von den Eltern und erst recht nicht in der Fremdbetreuung bekommen, sodass es im Leben zu einer sehr zeitig angelegten Entfremdung ge-

kommen ist. *Entfremdung bedeutet, dass Menschen nicht um ihrer selbst willen erkannt und bestätigt werden und sich nicht so entfalten können, wie sie es nach ihrer Anlage her eigentlich könnten. Die Menschen werden von Anfang an ausgerichtet auf Erwartungen. Am Anfang sind das natürlich die Erwartungen der Eltern, dann die der Schule und am Ende die der Gesellschaft. Das heißt, fast jeder Mensch erfährt auf diese Weise eine Entfremdung in dem Sinne, dass er nicht so sein und werden kann, wie er nach seinen Möglichkeiten angelegt ist und diese Anlagen auch nicht so entfalten kann. Dieser Mensch muss werden, wie es von ihm erwartet wird und wie er sein soll. Damit verliert der Mensch jedoch eine Orientierung für sich selbst und strebt ein Leben lang danach, dass er anderen – den Eltern, Lehrern und so weiter – gefällt. So verfehlt er im Grunde genommen sein eigenes, echtes Leben. Da sehr viele Menschen in ihrer Kindheit so behandelt wurden (und viele heranwachsende Kinder bis heute so behandelt werden), entsteht im Kollektiv im Erwachsenenleben eine gesellschaftliche Situation, die ich als Normopathie zusammenfasse. Also man muss zunächst einmal davon ausgehen, dass die frühe Prägung, also das, was Kinder in ihrer ganz frühen Lebenszeit an Beziehungsqualität erfahren, noch bevor sie überhaupt sprechen können, dass das ihre Persönlichkeitsstruktur prägt. Und diese Persönlichkeitsstrukturen werden dann als Erwachsene ausgelebt. Wenn viele Erwachsene in einer gleichen Richtung entfremdet sind, also angepasst und gehorsam, dann entsteht eine kollektive Abhängigkeit. Also suchen sie eine äußere Freiheit, weil sie innerlich nicht frei sind. Damit entsteht eine kollektive gesellschaftliche Fehlentwicklung, die eben als Normophatie bezeichnet werden kann. Das Gestörte, also die Entfremdung und die damit verbundene gesellschaftliche Fehlentwicklung,*

wird nicht mehr als gestört erlebt, weil eine Mehrheit ver-
gleichsweise so denkt und handelt. Und dann sagen die Menschen »ja das machen doch alle so und wenn das die Mehrheit
ist, dann kann es ja auch nicht falsch sein«. So entstehen eben
auch gravierende gesellschaftliche Fehlentwicklungen, die ich
zum Beispiel in meinem Leben, also in der ehemaligen DDR,
im realexistierenden Sozialismus, erlebt habe. In dieser eben
beschriebenen, hochgradig pathologischen Gesellschaftsent-
wicklung und das, was ich heute als narzisstische Gesellschaft
zusammenfasse, sehe ich eine kollektive Fehlentwicklung die
mir sehr große Sorgen macht.

Worin liegt der Schwerpunkt Ihrer Arbeit?

Kernpunkt meiner Arbeit ist die Frage, wie die Kindesbetreuung
vor allen Dingen in den ersten drei Lebensjahren ist. In dieser
Zeit werden die Weichen für die Entwicklung eines Menschen
gestellt und damit auch letztlich für unsere Gesellschaft. Menschen, die in der frühen Kindheit eingeengt, eingeschüchtert,
verletzt und gekränkt werden, die sich nicht entfalten können
oder sich in einer bestimmten Richtung entfalten müssen, durch
diese Menschen wird am Ende auch unsere Gesellschaft geprägt
sein. Gesellschaftliche Normen beeinflussen das Erziehungsver-
halten von Eltern und den Unterricht in der Schule und das
prägt die Kinder in entsprechender Weise. Entfremdete Kinder
werden zu entfremdeten Erwachsen und diese gestalten dann
wieder auch die Fehlentwicklungen in einer Gesellschaft. Dieses
Wechselspiel ist ein zentraler Punkt meiner Untersuchung und
im Ergebnis komme ich für mich zu einer einzigen politischen
Forderung, nämlich dafür zu sorgen, dass die Frühbetreuung
von Kindern so optimal gestaltet wird wie nur möglich. Das

kann durch zwei Dinge geschehen. Zum einen die finanzielle Unterstützung von Eltern, damit sie gut und auch gerne zuhause bleiben können, um ihre Kinder zu betreuen und somit keine zu frühe Fremdbetreuung notwendig wird. Kindergärten sind erst ab dem dritten Lebensjahr sinnvoll, weil dann Kinder auch die Reife entwickelt haben, wo sie den sozialen Austausch brauchen. Meine zweite Forderung ist die psychologische Unterstützung von Eltern. Was braucht es, damit eine Mutter gut Mutter sein und ein Vater gut Vater sein kann? Was sind mütterliche und väterliche Beziehungsfähigkeiten und Qualitäten?

Wir sind ja oft geprägt von dem, was wir selbst erlebt haben in unserer Kindheit und da kenne ich die tragische Situation, dass wirklich ehrlich bemühte Eltern, die das Beste für ihre Kinder wollen, nicht verstehen, was die Kinder brauchen. Und dann tun sie etwas, weil sie glauben »ja das ist richtig«, oder sie haben Ratgeber gelesen. Beim Kind kommt das aber nicht als ein echtes Beziehungsangebot an, sondern die Kinder leiden darunter und diese Konflikte sind den Eltern gar nicht bewusst. Zwischen dem, was sie meinen, was richtig ist, und dem, was beim Kind ankommt oder was es braucht, kann ein sehr großer Unterschied liegen und dass Eltern diese Differenz gar nicht wahrnehmen ist sehr tragisch. Zudem sollte in Schulen vermehrt auch Selbsterfahrung für Lehrende angeboten werden, damit diese ihre Beziehungsfähigkeiten und Beziehungsschwierigkeiten mit Kindern erkennen- und regulieren lernen können. Das ist der nächste große Punkt, den man politisch durchaus fordern müsste.

Sie schildern einen für mich sehr wichtigen Punkt in der kindlichen Frühbetreuung. Ich wurde zum Beispiel bis zum

Kindergarten zu Hause betreut, aber von einer in mehrfacher Hinsicht schwer traumatisierten und kranken Mutter und einem Vater, der, wenn überhaupt, nur alkoholisiert anwesend war.

Sie sprechen etwas ganz Wichtiges an und das, was Sie beschreiben, ist tragisch, denn Kinder sind ihren Eltern ausgesetzt. Kinder sind am Anfang ihres Lebens auf Gedeih und Verderb den Eltern ausgeliefert. Und wir sehen, dass das auch tragische Folgen haben kann, wenn die Eltern nicht genügend Wissen oder keine Fähigkeiten haben, ihre Kinder gut zu verstehen und sie dann auch gut zu betreuen. Es geht nicht um die Tatsache, dass Eltern die Frühbetreuung übernehmen müssen oder sollen, sondern es geht wirklich um die Qualität dieser Betreuung. Also sind Eltern auch zu schulen, im besten Sinne. Nicht pädagogisch, sondern in ihrer Selbsterfahrung: Wie gehen sie mit Kindern um, was lösen Kinder in ihnen aus, wo sind gute und schlechte Fähigkeiten?

Wie haben Sie Ihr persönliches Leben und die gesellschaftlichen Funktionalitäten nach der Wiedervereinigung erlebt?

Vielleicht zuerst noch ein Wort zu den Verhältnissen in der DDR. Es war den Menschen, mit denen ich mich umgeben habe, sehr wichtig, dass wir eine sehr intensive persönliche, freundschaftliche Beziehung aufgebaut haben. Also das, was eben nach außen nicht so möglich war, wie zum Beispiel das Reisen oder Diskussionen, wurde mehr in den Innenkreis der Beziehung getragen und wir hatten natürlich die Hoffnung, dass sich alles einmal verändern könnte. Ich war also ein begeisterter Teilnehmer an der Wende-Bewegung und an den damaligen Protesten. Ich war dann sehr begeistert, dass die Wende so kam, aber sehr bald war ich auch wieder ernüchtert. Denn erst dann habe ich sozusagen die westlichen Verhältnisse hautnah kennengelernt, also alles das, was da auf uns eingeprasselt ist wie neue Werte zum Beispiel. Sehr bald habe ich leider Ähnlichkeiten festgestellt. Sosehr es in der DDR ideologisch und politisch repressiv war, erkannte ich nach der Wende sehr bald die Einengung und Unterdrückung durch ein narzisstisches Verhalten. Man muss sich nach außen gut darstellen und man muss sich gut verkaufen können.

Es gibt immer ein Konkurrenzverhalten, die materiellen Werte stehen im Vordergrund und man zeigt, was man sich alles leisten kann, kaufen kann, reisen kann und so weiter. Insgesamt ist das ein ziemlich protziges Verhalten und da fand ich sehr schnell Ähnlichkeiten zu meinem früheren Leben. Wenn in der DDR sozusagen die reale Unterdrückung Bedeutung hatte, so war es im Westen dann eine reale Überzogenheit als ein Größenselbst. Ich habe das einmal so verglichen: Im Narzissmus gibt es für mich zwei Varianten, das Größenselbst, also dass man immer mehr sein will und mehr darstellen möchte, als man wirklich ist. Es gibt eine starke Tendenz im Westen, sich so zu verhalten, um erfolgreich zu sein. Im Gegensatz dazu gibt es das, was ich Größenklein nenne. Auch das ist eine narzisstische Störung im Sinne eines Selbstwertdefizits. Dies wird aber nicht in der falschen Größe ausgetragen, sondern man macht sich immer klein, indem man »ach ich kann nicht, ich weiß das nicht« sagt und damit im Grunde eine Hilfe provoziert. Diese Tendenz ist im Osten eindeutig stärker. Im Vereinigungsprozess ist daher etwas entstanden, das wir Kollusion nennen, nämlich das Zusammenspiel entgegen gesetzter Eigenschaften. Auf der einen Seite das Größenselbst im Westen und auf der anderen Seite das

Größenklein im Osten. Im Westen sehen wir die Dominanz des Herrschens und im Osten die Dominanz des Unterwerfens, also letztlich zwei Seiten einer vergleichbaren Störung, eben nur in entsprechenden Gegensätzen. Im Laufe der Zeit hat sich das verändert. Bei der aktuellen Fehlentwicklung unserer Gesellschaft sind Ostdeutsche mit ihrer Erfahrung politisch-ideologischer Repression im Protest »größer« und Westdeutsche eher »kleiner« und abhängiger.

Der Schein im Westen war eben immer sehr viel wichtiger als das Sein. Ein Gedanke beschäftigt mich seit der Coronavirus-Krise sehr. Haben Sie eine Erklärung dafür, warum jeder, der im Grunde genommen einfach nur hinterfragt oder der sich gerne auch andere Meinungen anhört, um sich dann daraus tatsächlich eigenverantwortlich seine eigene Meinung zu bilden, oftmals so hart kritisiert oder gar verleumdet wird?

Das hatten wir ja schon vor der Corona-Situation. Ich denke an die Europapolitik, die Finanzkrise, die Migrationsproblematik oder die Umwelt- und Klimaproblematik. Das sind alles riesige, ungelöste Probleme, und jede kritische Stimme, die das Regierungshandeln und sozusagen die Dominanz eines Mainstreams infrage gestellt hat, ist schon immer diffamiert worden. Dann waren es also die Populisten oder Nazis oder Rechtsextremisten und heute sind es eben die Verschwörungstheoretiker. Wir beobachten also eine auffällige Diffamierung und Ablehnung von kritischen Stimmen. Das ist für mich in meiner Sehnsucht nach echten demokratischen Verhältnissen wirklich ganz entsetzlich. Für mich ist Demokratie der Disput, ist Meinung und Gegenmeinung und nicht die Diffamierung des Andersdenkenden oder des politischen Gegners. Das, was ich sozusagen als eine entwi-

ckelte Demokratie verstehe und Beziehungskultur nenne, heißt immer, dass ich einer Meinung bin, deren Motive und Interessen mir selbst bekannt sein sollten und die ich auch im Diskurs mitteile. Dabei habe ich immer die Einstellung, dass ich auch falsch liegen kann. So kann in gewissen Hinsichten mein Gesprächspartner, auch wenn er eine andere Meinung vertritt, dennoch auch Recht haben. Diese Einstellung ist leider verloren gegangen. Und weil sich das so zugespitzt hat, dass also immer wieder politische Korrektheit fast zwingend gefordert war, wurden eben kritische Stimmen gegen den Mainstream durchgehend diffamiert. Offensichtlich hat unsere bisherige Gesellschaftsform, also das, was wir als Wachstumsgesellschaft und als Leistungsgesellschaft bezeichnen, eine kritische Grenze erreicht, das sieht man an den Folgen: Es gibt große Diskussionen zu den Themen Klima, Umwelt, Finanzen und Migration. Die Erkenntnis, dass die Realität dieser kritischen Grenze von den meisten Menschen nicht wahrgenommen werden will, ist natürlich bedrohlich. Wir müssten formulieren »Wir haben bis hierher recht und schlecht, manche sehr gut, manche weniger gut gelebt«, aber so geht es nicht weiter, wir brauchen neue Lebensformen«. Das ist jedoch für viele Menschen äußerst bedrohlich, weil sie ihre Entfremdung auf ebendieses falsche Leben gebaut haben. Und wenn jetzt jemand daherkommt und sagt »Mensch, das ist doch nicht in Ordnung, das Regierungshandeln ist falsch oder so geht es nicht weiter«, dann sind das Menschen, die die eigene Kompensation und Abwehr bedrohen. Unsere Gesellschaftsform hat eine kritische Grenze erreicht und es wird am Ende dem Coronavirus zugeschoben, damit die Politiker entschuldigt sind und das, was sie im Grunde genommen in den letzten Jahren oder Jahrzehnten nicht hinbekommen oder sogar verbrochen haben, dass das nicht wirklich von den Menschen gesehen werden kann.

Warum haben viele Menschen eher Schwierigkeiten damit, sich tatsächlich selbst ihre Meinung zu bilden und tatsächlich auch in eine Eigenverantwortung zu gehen? Ich beobachte eine immer größer werdende Spaltung der Gesellschaft, das hat für mich mit einer wirklich auch erwachsenen Diskussionskultur nichts zu tun.

Das sehe ich auch so und das hat viel mit dem zu tun, was wir vorhin schon angesprochen haben, nämlich mit den Folgen der Entfremdung in der frühen Kindheit, also der Persönlichkeitsverformung und Entfremdung. Man muss sich das so vorstellen: Wenn ich mich als Mensch nicht so bestätigt erfahre und nicht entwickeln kann, wie es nach meinen Anlagen, meinen Möglichkeiten, aber auch nach meinen Begrenzungen geht, dann suche ich nach Ersatz und nach Kompensation. Also ich unterscheide zwischen dem Selbst und dem Ich. Das Selbst ist das Vorgegebene, die vorgegebene Matrix der Persönlichkeit, die entwickelt und gefördert werden muss. Und wenn das schlecht geschieht, verfügen wir später über Ich-Leistungen, mit denen wir uns etwas anlernen können und mit dem Angelernten kompensieren wir dann praktisch unsere Selbstdefizite. Mit den Ich-Leistungen kann man in einer normopathischen Gesellschaft sehr erfolgreich sein, man ist anerkannt und kann gutes Geld verdienen. Man hat aber im Grunde genommen die innere Freiheit verloren, unterschiedliche Meinungen anzuhören, um zu einem eigenen Bild zu kommen. Wer keine innere Freiheit und Sicherheit hat, der möchte auch keine kritische Position und keine Gegenmeinung hören. Ein solcher Mensch möchte nur das hören, was ihn in seiner Kompensation gegen seine Unsicherheit, Abhängigkeit und Minderwertigkeitsgefühle unterstützt. Wenn die Entwicklung in einer Gesellschaft kritisch wird, dann droht ja die Herausforderung, dass wir uns jetzt mit anderen Meinungen auseinandersetzen müssen und dass wir auch feststellen müssten, dass das eigene Verhalten und die eigene Einstellung nicht mehr gut genug ist oder auch nie gut genug war. Das bedeutet eine sehr schmerzliche, eine bittere, eine harte Auseinandersetzung mit uns selbst und dazu sind sehr viele Menschen leider nicht bereit oder vielleicht auch nicht in der Lage, weil mit der Erkenntnis ihres falschen Lebens auch ihre ganze frühere, seelische Belastung und Kränkung wieder akut werden würde. Damit das nicht geschieht, versucht man jetzt krampfhaft an dem, was man sich als Meinung, als Ideologie oder als Gesinnung aufgebaut hat, festzuhalten. Und jeder, der das irgendwie infrage stellen könnte, wird beschimpft und verfolgt. Dadurch entsteht dann diese Spaltung in der Gesellschaft: »Du bist schuld, du bist böse, du bist ein Populist, du bist ein Nazi, du bist ein Verschwörungstheoretiker.«

Wer politische Gegner braucht oder sich von der geschürten Pandemie-Angst verwirren lässt, zeigt eigentlich nur seine seelische und soziale Schwäche, seine Unsicherheit. Ein mental gesunder Mensch kann jede andere fremde oder Gegenmeinung anhören und analysieren, er hat keine Angst davor, sich mit anderen Meinungen auseinanderzusetzen. Er ist in sich stabil und kann prüfen, was für ihn stimmt oder nicht und kann eigene Fehler einsehen und korrigieren. Unsichere Menschen jedoch fühlen sich bedroht, wenn sie eine Meinung hören, die eben auch richtig sein könnte, aber ihre eigene Entfremdung oder ihre Fehleinschätzung aufdecken könnte. Im Moment tobt ein Kampf, notwendige gesellschaftliche Veränderungen über eine »Corona-Diktatur« durchsetzen zu wollen und auf der anderen Seite, demokratische Verhältnisse zu erhalten und zu verbessern. Entfremdete Menschen flüchten in der Krise unter die Rettungs-

illusion totalitärer Regulierungen. Dagegen wäre eine Entwick-
lung anzustreben, die Demokratie als eine innerseelische Befä-
higung zu stabilisieren, indem die eigene Entfremdung und die
persönlichen unangenehmen seelischen »Minderheiten« erkannt
und reguliert werden können, um sie nicht aus der Erkenntnis
abzuspalten und dann auf Feindbilder projizieren zu müssen.

Prof. Dr. Franz Ruppert ist ein weiterer psychologischer
Experte, mit dem ich seit geraumer Zeit immer wieder zu-
sammenarbeite. Er ist einer der weltweit führenden For-
scher in Psychotraumatologie und lehrt seit 1992 an der
Universität in München. Prof. Ruppert schreibt in seinem
Buch »Wer bin ich in einer traumatisierten Gesellschaft«:

Wir leben in einer Konkurrenzgesellschaft, in der die Menschen
versuchen, möglichst intelligent und rational zu erscheinen. Sie
überspielen die Defekte ihrer Psyche und verheimlichen ihre
psychischen Fehlleistungen. Solange fast alle dieses Versteck-
spiel mitmachen, funktioniert das auch nach dem Motto »Wenn
du mich davor verschonst, meine psychischen Defekte zu be-
nennen, sage ich auch nicht, was ich bei dir wahrnehme«. Je
mehr Machtbefugnisse zudem jemand besitzt, desto weniger
getrauen sich die von ihm/ihr Abhängigen, das zu äußern, was
für alle offensichtlich ist: Dieser Mensch hat einen schweren
psychischen Schaden und bräuchte dringend eine Psychothe-
rapie! (S. 44 ff.)

Prof. Ruppert arbeitet mit der von ihm entwickelten Iden-
titätsorientierten Psychotraumatherapie (IoPT) seit vielen
Jahren als Psychotherapeut und ich spreche mit ihm über
seine Erfahrungen.

Traumatisierte und traumatisierende Gesellschaften, was meinen Sie damit?

Nach meiner Erfahrung kommt jeder Mensch mit einem großen Potential an Lebensenergie, Lebensfreude, Lebenswillen und auch einem Herz voller Liebe in diese Welt. Jedes Kind liebt und will geliebt werden. Jedes Kind ist eine neue Chance auf friedvolles Zusammenleben von uns Menschen auf diesem Planeten. Wie kann es dann so weit kommen, dass sich auf dieser Erde so viele frustrierte, depressive, aggressive, gefühllose, versteinerte, bloß funktionierende und strohdumme Menschen befinden? Dass diese Menschen in permanenten Konflikten miteinander liegen und sich bis auf den Tod bekriegen? Meine Antwort darauf lautet: Weil diese Kinderherzen voller Liebe auf eine Welt der Erwachsenen treffen, die sie nicht will, nicht liebt und nicht vor Unheil schützt. Sie werden schon früh so tief verletzt, dass sie sich verschließen, ihre guten Seiten in sich zurückziehen und nur überleben, statt zu leben. Und diese Erwachsenen haben in ihrer Kindheit ebenso diese frühen Zurückweisungen ihrer Lebensfreude und ihrer Liebe erlebt. So geht das schon seit vielen, vielen Generationen. Aber jede neue Generation wäre eine Chance, es endlich anders zu machen. Die Kinder wirklich willkommen zu heißen, sie liebevoll ins Leben zu begleiten und sie vor Unheil zu bewahren. Dann könnten aus diesen Kindern Eltern werden, die wiederum ihre Kinder von Herzen lieben. Weil das bislang noch nicht der Fall ist und sehr viele Kinder aktuell durch prä-, peri- und postnatale Traumata schon früh geschädigt werden, durch frühe Fremdbetreuung überfordert und durch die Beziehung mit ihren traumatisierten Eltern ihr Ja zum eigenen Dasein sehr bald abhandenkommt, entstehen weiterhin traumatisierte und traumatisierende Gesellschaften, in denen die meisten ihrer Mitglieder traumatisiert sind.

Das trifft insbesondere für patrilineare Gesellschaften zu. In diesen gehört der Besitz den Männern und auch Frauen und Kinder werden von Männern wie Besitztümer gesehen. Das bedeutet auch, dass Frauen oft keine Wahlmöglichkeit haben, sich für eine Ehe und die Geburt von Kindern zu entscheiden. Es wird von ihnen quasi naturgegeben erwartet. Sie werden so oft auch zum Sexobjekt männlicher Triebhaftigkeit degradiert. Ebenso werden sie in der Kindererziehung von den Vätern ihrer Kinder entweder ganz im Stich gelassen oder diese wird wie alle anderen Haushaltpflichten selbstverständlich auch an sie delegiert. So bleiben in solchen Gesellschaften die Männer Muttersöhne, die sich nicht von ihren Mamis und Muttis emotional abnabeln können, während die Frauen die Mutterschaft eher ablehnen – ihre leidenden und bloß funktionierenden Mütter sind ihnen kein leuchtendes Vorbild – und auf Männer fixiert sind.

In patrilinearen Gesellschaften ist auch das Gesundheitssystem von männlichem Denken geprägt. Auf die menschliche Psyche wird in der Schulmedizin kaum Rücksicht genommen. Dadurch entstehen unter anderem in der Gynäkologie traumatisierende Situationen für Mütter wie Kinder. Kaiserschnittgeburten, die ein Trauma für Mutter wie Kind darstellen, werden als Normalität angesehen. Ebenso werden in den auf Konkurrenz ausgerichteten Wirtschaftsweisen patrilinearer Gesellschaften die Bedürfnisse von Müttern mit kleinen Kindern übergangen. Viele Mütter leben zum Beispiel alleinerziehend an der Armutsgrenze. Um Geld zu verdienen, werden sie gezwungen beziehungsweise lassen sich dazu überreden, ihre kleinen Kinder viel zu früh in Fremdbetreuung zu geben. Damit *wird bereits wieder für die nächste Generation der Nährboden für frühe Traumata gelegt. Als erwachsene Frauen und Männer werden diese dann die traumatisierenden Mütter und Väter für die nachfolgende Generation.*

Meines Erachtens zeigt sich diese patriarchale Lebensweise sogar im »Kampf« gegen ein Virus, dem von manchen Präsidenten, wie zum Beispiel Herrn Macron der »Krieg« erklärt wird und gegen den manche Politiker am liebsten ihre Armee zum Einsatz bringen möchten, um möglichst alle Viren zu zerstören. Diese traumatisierten Gesellschaften befinden sich grundsätzlich in einem beständigen Alarm-, Angst- und Stressmodus. Ist die eine Gefahr vorbei, lugt schon die nächste um die Ecke.

In einer traumatisierten Gesellschaft werden laufend Opfer produziert und zugleich wird den Opfern verboten, ihr Opfersein zu beklagen. Sie sollen es als ihr unabänderliches Schicksal hinnehmen und es geduldig ertragen. Und daran denken, dass es anderen anderswo noch viel schlechter geht als ihnen oder dass es möglicherweise sogar noch schlimmer kommen könnte. Da die Opfer selbst ihr Opfersein in der Regel nicht wahrhaben wollen, entwickeln sie Opferhaltungen, durch welche sie die Täter nicht als Täter wahrnehmen und diese sogar noch in Schutz nehmen und sich selbst als verantwortlich für ihre missliche Lage erleben. Wenn die Opfer dann etwas fordern, dann machen sie es nicht im Namen ihrer eigenen Bedürfnisse. Sie fordern stattdessen Rücksichtnahme auf andere oder Solidarität mit den Armen und Schwachen und bestätigen damit die Sichtweise der Trauma-Täter, dass sich niemand seinetwegen beklagen soll. Das Beharren auf den eigenen Bedürfnissen gilt als unmoralisch und wird in traumatisierenden Gesellschaften prinzipiell geächtet. Das sei »Egoismus«.

Sie sprechen auch von einem Bindungssystemtrauma, was genau können wir uns darunter vorstellen?

In meiner Veröffentlichung »Verwirrte Seelen« (Ruppert 2002) ging es mir darum, Licht in das Dunkel zu bringen, warum Menschen wahnsinnig und verrückt oder, wie die Psychiatrie das nennt, »psychotisch« und »schizophren« werden. Eine meiner Antworten war: Solche Menschen leben in einem Bindungssystem, das sie traumatisiert. Bindungsbeziehungen sind zwischenmenschliche Beziehungen, in denen eine emotionale Abhängigkeit besteht. Solche emotionalen Abhängigkeiten bestehen vor allem in der Kind-Eltern-Beziehung, auch in Paarbeziehungen, in Freundschafts- und Arbeitsbeziehungen. Sogar in der Politik ist zu beobachten, dass Menschen emotional abhängig von Parteien und Politikern sind, die sie wählen. Wobei kindliche Abhängigkeiten, die gegenüber der eigenen Mutter und dem eigenen Vater bestehen, auf Partner-, Freundschafts-, Arbeits- und Politikbeziehungen übertragen werden. Je weniger sich jemand von seinen traumatisieren Eltern lösen kann, desto wahrscheinlicher ist es, dass er auch in den weiteren Bindungsbeziehungen in seinem Leben in kindlicher Abhängigkeit verharrt. Destruktive Beziehungsmuster wiederholen sich für ihn sein Leben lang.

Traumatisierte Bindungssysteme bringen nach meinen Erfahrungen die schwersten körperlichen wie psychischen Störungen hervor, vor allem, weil die Wahrheit über das, was in ihnen geschieht, nicht gesagt werden darf. Solange es für einen Menschen keine Möglichkeit gibt, ein solches immer wahnhafter werdendes Bindungssystem zu verlassen, kann er sich nur durch immer weitere Spaltungen vor der unerträglichen Realität schützen, in der er sein Leben verbringt. Diejenigen, die er liebt, auf die er vertraut, von deren Handeln er existenziell abhängig ist, lehnen ihn ab, verachten ihn, quälen ihn und sind bereit, ihn zu töten.

In ein Bindungssystem-Trauma wird man in der Regel hineingeboren. Daher kennen Menschen oft gar nichts anderes als diese Existenzform. In einem solchem System ist man zunächst das Opfer, das seiner ursprünglichen Daseinsfreude und seines ursprünglichen Lebenswillens beraubt wird. Aus den Trauma-Opfern werden im Laufe ihres Lebens immer mehr Trauma-Täter. Sie schaden sich selbst und zerstören das Leben anderer. Masochistische Opferhaltungen gehen in solchen Bindungssystemen Hand in Hand mit sadistischen Täterhaltungen. Menschen bezeichnen sich gerne als die Krone der Schöpfung. Vermutlich gibt es außer ihnen kein anderes Lebewesen auf dieser Erde, das sich so systematisch selbst zerstört und die gesamte Natur mit in seinen krankmachenden und mörderischen Trauma-Abgrund hineinreißt.

Sie bringen auch Geld und Psychotrauma in einen Zusammenhang, welche Erkenntnisse haben Sie hier gewonnen?

Da ein Psychotrauma bei einem Menschen seine körperliche und geistige Existenz oft sehr radikal voneinander trennt, leben viele Menschen in traumatisierten Gesellschaften mehr in ihrer Gedanken- und Ideenwelt als in der Realität. Am stärksten kommt dies zum Ausdruck in ihrem Verhältnis zu dem, was als Wert betrachtet wird. In traumatisierten Gesellschaften zählt abstrakter Reichtum. Er manifestiert sich in Form von Geldscheinen, Münzen und Edelmetallen oder einfach nur als Kontobuchungen mit vielen Nullen. Demgegenüber wird konkreter Reichtum in Form der Naturschönheiten und der Beziehungs-,

Intelligenz-, Kreativitäts- und Arbeitsfähigkeits- Ressourcen der Menschen eher geringgeschätzt. Das heißt, Geld, in welcher Form auch immer, ist in den letzten 250 Jahren immer mehr der Dreh- und Angelpunkt allen sozialen Miteinanders geworden. Wir arbeiten nicht um zu leben, sondern wir leben, um zu arbeiten, um damit Geld zu verdienen und dieses zu vermehren. Geld als Kapital zu sehen, bedeutet, es stets vermehren zu wollen und auch zu müssen. Aus Geld mehr Geld zu machen wird zur Ideal- wie Zwangsvorstellung ökonomischen Handelns.

Der Geldvermehrung wird dann in einer Gesellschaft alles andere untergeordnet. Nur wenn mit etwas Geld zu machen ist, erscheint das als etwas Wertvolles. Weshalb z. B. die Hausarbeit und vor allem das Begleiten von Kindern in ihre emotionale und geistige Eigenständigkeit durch ihre Eltern und Verwandten nicht als etwas besonders zu Entlohnendes angesehen werden. Vor allem gegenüber Müttern besteht die Erwartung, dass sie dies umsonst, weil aus Liebe zu ihren Kindern tun und dabei gleichzeitig noch allen Anforderungen einer neoliberalen Wirtschaftsweise gerecht werden (Ruppert 2010). Daher wird die professionelle Kinderbetreuung durch Erzieherinnen und Kindheitspädagogen finanziell wesentlich mehr geschätzt, weil damit ein neuer Geschäftszweig, mit dem Geld zu machen ist, eröffnet wird. Eine Mutter, die ihr Kind in eine Kinderkrippe gibt, um dann selbst in einer Kindertagesstätte die Kinder anderer Mütter fachlich-pädagogisch zu versorgen, ist so gesehen ein wichtiges Mitglied einer solchen Geldvermehrungsgesellschaft und damit »systemrelevant«.

Eine Gesellschaft, der ein Geldsystem aufgezwungen wird beziehungsweise die sich ein solches System mit viel Engagement selbst erschafft und sich darin immer weiter verstrickt, trennt ihre Mitglieder grundsätzlich vom unmittelbaren Zugang zum

Reichtum der Natur und der spontanen wie gut durchdachten sozialen Kooperation. Alles bekommt nun einen Geldpreis, der zuerst entrichtet werden muss, bevor man ein gewünschtes Gut benutzen kann. Entgegen der gängigen Behauptung der Volks- und Betriebswirtschaftslehre dient Geld nicht der Erleichterung des Lebens, sondern zwingt ihre Mitglieder dazu, Geld zu verdienen und zu erwerben, um innerhalb des Geldsystems überleben zu können. Zumal dieses System überall dort, wo es die gesellschaftlichen Abläufe bis in den letzten Winkel durchdringt, auf Konkurrenz basiert und der Gewinn der einen Seite stets den Verlust der anderen Seite bedingt. Daher ist innerhalb eines solchen Geld-Konkurrenzsystems auch zu beobachten, dass diejenigen, die reich sind, immer reicher und diejenigen, die wenig haben, immer ärmer werden. Dieses Prinzip kennt eigentlich jeder, der schon einmal »Monopoly« gespielt hat. Heutzutage besitzen 0,9 % der Weltbevölkerung 43,9 % des Geldreichtums, während 56,8 % der Weltbevölkerung gerade einmal 1,8 % des weltweiten Vermögens besitzen (www.statista.com, abgerufen am 2.5.2020). Die Corona-Pandemie beschleunigt diese Ungleichverteilung von Geldvermögen noch einmal. Weil die Geschäfte geschlossen sind, nehmen die Bestellungen bei zum Beispiel Amazon zu.

Allerdings kann der abstrakte Reichtum in Form von Aktien, Bonds, Kontoständen oder sogar Gold von einem Moment auf den anderen wie ein Kartenhaus in sich zusammenbrechen oder dahinschmelzen wie Eis in der Sonne. Der Schwarze Freitag von 1929 oder die Bankenkrise von 2008 sind im kollektiven Gedächtnis der kapitalistischen Gesellschaften gut verankert. Geld, das keine Möglichkeit mehr findet, sich zu vermehren, ist dann eben kein Kapital mehr und wird wertlos. Das Bedürfnis nach Geldprofiten macht gierig, unersättlich und lässt die

Kapitalbesitzer sogar über Leichen gehen, die Angst vor der
Geldentwertung sitzt den Akteuren dieses Systems beständig
im Nacken. Eine kapitalistische Gesellschaft ist ein ruhe- und
rastloses System.

Wie ich in meinem ersten Buch »Ein Dutzend Dates« an-
gekündigt habe, engagiere ich mich mittlerweile für die
Endstigmatisierung von psychischen Erkrankungen auf
meinem Portal www.my-mentalhealth.com. Ich habe mit
allen hier interviewten psychologischen Experten auch
verschiedene Filme bei YouTube veröffentlicht, die über
diese Homepage abgerufen werden können.

Ich bedanke mich bei meinen Leserinnen und Lesern,
dass sie bis hierhin »durchgehalten« haben, ich weiß, dass
die Thematik nicht immer eine leichte ist. Dennoch hoffe
ich, dass ich mit der ein oder anderen heiteren Erzähl-
weise zwischendurch auch zu einem Schmunzeln ver-
führen konnte. »Humor ist eines der besten Kleidungs-
stücke, die man in Gesellschaft tragen kann« (William
Makepeace Thackeray). Dieses Kleid war mir schon immer das liebste.

Danksagung

Dieses Buch wäre ohne die uneingeschränkte Unterstützung einiger wunderbarer Menschen so nicht möglich gewesen.

Dr. Hans-Joachim Maaz, Prof. Dr. Franz Ruppert und Prof. Dr. Dr. Christian Schubert gilt mein tiefer Dank.

Der fortlaufende fachliche Austausch, unsere Zusammenarbeit und die intensiven Diskussionen sind zu einem wertvollen Bestandteil in meinem Leben geworden. Sie haben trotz sehr voller Terminkalender stets ein Ohr für meine Fragen und Gedanken und ich weiß dies sehr zu schätzen.

Gerne verweise ich hier auf Publikationen:

Dr. Hans-Joachim Maaz: *Das falsche Leben. Ursachen und Folgen unserer normopathischen Gesellschaft. Beck, München 2017*

Dr. Hans-Joachim Maaz: *Das gespaltene Land. Ein Psychogramm. Beck, München 2020*

Prof. Franz Ruppert: *Wer bin ich in einer traumatisierten Gesellschaft? Wie Täter-Opfer-Dynamiken unser Leben bestimmen und wie wir uns daraus befreien. Klett-Cotta Verlag, Stuttgart 2018*

Prof. Christian Schubert: *Was uns krank macht – was uns heilt: Aufbruch in eine neue Medizin. Das Zusammenspiel von Körper, Geist und Seele besser verstehen. Fischer & Gann, 2016*